Läs vad andra inte kan:
Bemästra dina sociala och kommunikationsfärdigheter

Läs Vad andra inte kan

Bemästra dina sociala och kommunikationsfärdigheter

I J Nayak

Indien
2023

INNEHÅLL

Det skulle vara underbart om människor kunde förstå vad som händer inuti våra hjärnor - ett av de mest komplexa organ som någonsin utarbetats - där fantastiska idéer och innovationer tar form. Skulle det inte vara underbart om till och med forskare och teknik kunde låsa upp dess mysterier - en integrerad komponent som inte har någon motsvarande ersättning i maskiner idag?

Så vad händer i våra hjärnor?

Man skulle kunna hävda att att veta vad folk faktiskt tror skulle hjälpa till att förbättra kommunikationen och skydda oss från potentiella faror. Att läsa människor kan låta omöjligt men kan visa sig vara avgörande för att eliminera andra gissningar eller göra felaktiga bedömningar i vardagliga situationer med arbetskamrater, främlingar och nära och kära.

Vad krävs för att tolka människor korrekt? Idealiskt skulle fancy examina ge tillräcklig kunskap om dess inre funktioner; annars kan det bero på intuitiva krafter som ärvts från föräldrar eller dolda hemligheter man behöver låsa upp - jag tror att alla faktorer spelar en roll.

Även med alla böcker som någonsin skrivits om hjärnans funktion är det fortfarande omöjligt att läsa människor korrekt. Bra gener eller några topphemligheter som avslöjas via Google-sökning hjälper inte heller; För att verkligen förstå någons inre arbete krävs vetenskap - att förstå varför människor tänker vad de gör och reagerar hur de gör är nycklarna till att förstå en annan individ.

Att dechiffrera noggrant bevarade hemligheter kräver kunskap, observation och förståelse av händelser samt starka intuitiva krafter för att nå korrekta slutsatser. Det viktigaste är dock att hitta rätt riktning och börja resan!

Och den här boken kapslar in det syftet. Det bryter ner vetenskapen i hanterbara bitar för att ge läsarna all information som behövs för att läsa tankar på ett enkelt och intressant sätt. Under alla mina år som jag har lärt människor effektiva kommunikationstekniker har jag insett att information som inte direkt gynnar ens syfte snabbt kan bli värdelös – samtidigt som jag vet vad som händer med den vänstra sidan av din hjärna när du ritar en fågel med höger hand kan vara fascinerande, det blir meningslöst om man inte planerar att rita med det i framtiden.

Därför har jag noga valt ut vetenskaplig information som är skräddarsydd specifikt för ditt syfte att läsa andras tankar. Jag undvek komplex terminologi och höll mig till det väsentliga: enkla fynd med tydliga förklaringar.

Men det är bara en aspekt av tankeläsning; det finns så mycket mer. Det finns hemligheter, självutvärderingar, subtila tecken och kommunikationsknep man kan använda för att bli en mer anpassad lyssnare. Jag använder analogin med den uppgående solen när jag lär eleverna att behärska alla hantverk.

Jag frågar mina elever vilken tid solen går upp varje morgon. De som vaknar tidigt har en aning om när solen går upp, jämfört med de som sover sent; ingen kan ge en exakt minut eftersom ingen har varit tillräckligt motiverad eller observant för att veta exakt när. Så då ger jag dem en övning - något som jag uppmuntrar dig att också göra själv nu.

Föreställ dig att sitta på din balkong varje morgon innan solen går upp och läsa en tidning medan du smuttar på kaffe – skulle det vara lätt för dig att veta exakt när solen gick upp? Ditt svar kan vara mer korrekt eftersom att vara där när det hände ger en god förståelse för dess "tidsfönster".

Föreställ dig att sitta på en balkong som vetter mot öster, titta på den exakta platsen där solen går upp, se hur dess värme färgar himlen med gyllene nyanser vid horisonten och sedan kolla på klockan direkt; din noggrannhet skulle vara oöverträffad just den dagen eftersom du hade kunskap om var den kommer ifrån och var fokuserad på din uppgift; din intuition skulle också slå in, vilket möjliggör exakta uppskattningar även utan direkt observation - du skulle veta exakt när solen skulle gå upp trots ständigt skiftande tidszoner!

Om jag nu skulle fråga ett klassrum med elever vilken tid solen går upp, skulle de som verkligen hade förbundit sig att upptäcka det ge det mest exakta svaret. Det är precis så tankeläsning fungerar; det kräver kunskap, observation och en uppskattning av att varje individ tänker olika så det finns ingen "one size fits all"-lösning som gäller.

Att förstå alla faktorer som är involverade när man observerar någon kräver kunskap och engagemang. Du behöver en solid strategi för att styra dig i rätt riktning - det är där den här boken kommer in - jag ger dig allt du behöver för att bli en skicklig läsare.

Den här boken motbevisar myter och opålitlig information tillgänglig online om att läsa människor. Att ha armarna i kors kan till exempel signalera defensivitet; men i ett kallt rum eller sittande på en armlös stol kan detta beteende helt enkelt bero på miljöpåverkan snarare än personlighetsdrag.

Att tro eller läsa slumpmässiga, ogrundade "fakta" är både onödigt och skadligt; att felläsa människor är värre än att inte känna dem alls! Tankeläsning involverar inte spioneri eller påträngande – snarare handlar det om att förstå vad någon egentligen menar när han pratar eller kommunicerar med oss; att förstå deras tankar gör det möjligt för oss att bli medvetna om deras känslor när de svarar.

Faktum är att endast 7% av kommunikationen sker verbalt - resten sker icke-verbalt. Tankeläsning innebär att förstå vad någon annan upplever genom att känna till deras sanna avsikter bakom vad de säger kontra vad som har blivit osagt – något som denna mycket informativa och välforskade bok ger mer än bara ett teoretiskt förhållningssätt till tankeläsning.

Den här boken erbjuder riktad kunskap och förståelse, anekdoter från mina egna erfarenheter och lärande, och ett heltäckande tillvägagångssätt som inte lämnar stenen ovänd när det gäller att förstå den osagda världen. Vi kommer också att undersöka olika personlighetstyper, motivationer och mål så att du kan få en förståelse för exakt hur vissa individer tänker, varför de kommunicerar som de gör och hur du kan uppnå personliga mål genom deras budskap - så låt oss börja nu.

Vad är tankeläsning? Vid första anblicken kan tankeläsning tyckas vara någon form av trolldom eller oetisk praxis för att bända in i människors privata tankar och orsaka förödelse över dem; Att veta att någon kunde läsa dina tankar skulle sannolikt orsaka oro, oavsett din relationsstatus med dem; att veta att de hade sådan makt kunde få oss att fly i skräck - det kan aldrig finnas större superkraft än att veta allt som händer i våra hjärnor! Men i verkligheten handlar det mer om förståelse än om invasion.

Tankeläsning handlar om att skapa förtroende när man pratar med någon, att veta att deras budskap inte kommer att bli felaktigt framställt eller missförstått. Tankeläsning gör att vi kan förstå osagda ord och stärka kommunikationen mellan inblandade parter - en ovärderlig färdighet som gör att du kan bygga starkare kontakter både professionellt och personligt.

Våra favoritmänniskor tenderar att vara de som lyssnar noga och förstår oss; människor som barnläkaren eller tandläkaren som visste när vårt "jag mår bra" inte lät riktigt bra; främlingar på bussar som förstod när vi bytte kroppsvikt och gav upp platser när det behövdes.

Dessa människor lyssnar, observerar och förstår våra behov och känslor med medkänsla och förståelse; de är inte påträngande utan ger istället ovärderligt stöd. Deras krafter inkluderar att veta exakt vad som behöver göras samt att ha de färdigheter som behövs för att bygga långsiktiga relationer genom denna nästan övermänskliga förmåga - exakt den typen av människor vi i hemlighet önskar att vi var mer lika - inte födda med denna förmåga utan att ha gjort ett medvetet beslut att vara mer medveten om andra omkring sig.

Tankeläsare visste hur viktigt effektiv kommunikation var; de förstod att en effektiv dialog krävde djupt lyssnande och en djupgående förståelse av vad som sades bortom ord. De ägnade lika stor uppmärksamhet åt tystnad, ton, motivation, intentioner hos talare samt att vara medvetna om sin miljö och människor samtidigt som de tittade bortom fördomar, bedömningar och begränsningar för att bedöma konversationer för att härleda dolda sanningar - i gengäld vinna förtroende, förstå respekt som samt att göra bättre bedömningar och beslut både professionellt och personligt.

Tankeläsning är som att låta någon översätta ett främmande språk åt dig. De kunde göra det bokstavligt eller förklara sin motivation bakom vissa främmande klingande ord som sades.

Människor som läser är inte bara ett hantverk eller ett knep som används för att invadera någons integritet; snarare är det en konst som respekterar en individs känslor och tankar.

Att lära sig att läsa människor är ett av de bästa sätten att säkerställa att konversationer flyter smidigt och äger rum i full cirkel. Tankeläsningsfärdigheter tar bort all gissning under konversationer och ersätter den med förståelse, medkänsla och relationsbyggande element. Tankeläsningsförmåga kan avsevärt förändra interaktioner vid nätverksevenemang, arbetsplatsmöten eller när du träffar någon du tycker är mycket attraktiv; tankeläsningsförmåga kan ha en otrolig effekt på resultatet av interaktioner mellan två individer.

Tankeläsning är en konst som kräver djupgående kunskap om hur den mänskliga hjärnan fungerar, att vara närvarande mentalt, undvika bedömningar och göra observationer – men viktigast av allt handlar det om att skapa den idealiska kombinationen av alla dessa krav för att förstå någon annans tankar oavsett vem de är, deras personlighet eller din relationsstatus med dem.

Tankeläsning är ett djupgående ämne, så vi kommer att täcka varje aspekt individuellt innan vi ger strategier för hur man tillämpar dessa insikter för att skapa den perfekta miljön för tankeläsning!

Del ett täcker allt du behöver för att ge dig ut på denna resa för att förstå människor och kommunikation. Den beskriver vad som kan förväntas när vi försöker läsa människor och de misstag eller hinder vi kan stöta på när vi försöker tolka vad någon annan kommunicerar; Dessutom tar den upp några av de utmaningar vi möter idag på en kommunikationsarena som ständigt utvecklas.

Del två utforskar allt som har med våra sinnen att göra. Den beskriver hur vår hjärna fungerar och identifierar individuella skillnader som genetiska. Dessutom kommer den här delen att hjälpa dig att få en inblick i varför människor beter sig på vissa sätt och utforska olika personlighetstyper – så att du kan se människor mer objektivt och göra bättre bedömningar av dem.

Del tre fokuserar på dig och vad du tar till bordet. Det finns två viktiga aspekter av att förstå någon: att känna till deras sätt att tänka och att förstå DIT. Tyvärr hindrar mentala barriärer oss ofta i att förstå någon ordentligt. Vår egen tendens att snabbt bedöma och dra antaganden baserade på personliga fördomar hindrar oss från att förstå andra rätt.

Del fyra innebär att ta allt som har lärt sig hittills och tillämpa dessa principer i praktiken. Här kommer du att upptäcka små hemligheter och strategier för hur du kan sluta dig till den sanna innebörden bakom ord, upptäcka bedrägerier och få full kontroll över någon annans sinne.

Det behöver inte sägas att du påbörjar en komplett bok och en omfattande resurs för att bli en läsare av utredningsofficer.

Del ett: Lägg grunden

Att börja en ny resa kräver att man förstår dess motiv för åtgärder och varför vissa beteenden uppstår. Du måste veta varför tankeläsning är nödvändigt och förutse eventuella utmaningar genom processen; varför översätts inte det som uttrycks direkt?

För inte så länge sedan involverade kommunikation att sitta ansikte mot ansikte med en annan person med ögonen sammanlåsta och ha gott om tid för er båda att tala och bli hörda. Med tiden har dock kommunikationsmetoderna förändrats avsevärt - medan nya former har möjliggjort globala interaktioner, minskar de också kvalitetsinteraktioner på grund av att multitasking äger rum samtidigt som konversation äger rum mellan er. Det betyder att konversationer har förlorat sitt värde.

Brist på tid

Vår tid står ständigt på spel. Även om dagens teknologier ger oss en viss lättnad – färdiglagade måltider kan minska måltidstiden till bara sekunder per måltid och virtuella möten schemalägger ofta möten på väg för att spara tid – kaffe har blivit på språng och kommunikationen har ofta tagits runt mentala checklistor som vi skapa i våra sinnen.

Borta är dagarna av fjärrkommunikation som begränsar interaktion

Länge borta är de dagar då vi antingen kommunicerade personligen eller skrev långa brev som kunde ta månader att skicka; när varje ord räknade för något i sitt slutliga utkast. Numera tar kommunikationen många olika former – vilket ofta begränsar interaktionen.

Idag finns det många sätt att kommunicera med en annan individ: e-post, textmeddelanden, interaktioner på sociala medier, röstanteckningar, videosamtal och telefonsamtal är bara några metoder som är tillgängliga för oss för kommunikation. Att träffa någon ansikte mot ansikte har för det mesta ersatts med Zoom-möten eller videosamtal eftersom diskuterade ämnen har flyttat online - den stora nackdelen är att dessa former av digitala konversationer begränsar den övergripande dialogupplevelsen.

Textmeddelanden tillåter oss inte att exakt mäta någons ton och ansiktsuttryck, så att svara med ettordssvar kan bero på tristess, oenighet eller att bli distraherad från att kommunicera med flera andra parter samtidigt.

En intervju som görs per telefon begränsar din förmåga att förstå hur en rekryterare tar emot och behandlar dina svar. Eftersom det inte finns någon interaktion mellan dig själv och dem, kan det bli alltmer utmanande att korrekt förstå andra.

Samtalare i sociala medier

Anonymitet kan vara en otrolig kraft; det gör det möjligt för dig att bli osynligt dominerande samtidigt som du får möjligheten att få din röst hörd utan ansvar; att ge andra tillgång till otaliga rikedomar utan begränsningar från passkontroller är som att ha vingar utan begränsningar för var eller när du flyger.

Endast begränsad av skrivhastigheten, genom att skriva anonymitet får du dig att säga saker du annars kanske aldrig skulle säga direkt till någon personligen.

Slumpmässiga tankar blir åsikter, som sedan övergår i debatter. Du vet aldrig om personen som kritiserar din frisyr verkligen ogillar den eller om de bara hade en dålig hårdag själva; deras yttrandefrihet gör det omöjligt att förstå hur människor tänker och uppfattar specifik information.

Global kommunikation mellan kulturer

Vi kommunicerar inte längre enbart inom våra lokala samhällen, nu när företag och relationer spänner över gränser. Kulturer har blivit blandade i takt med att våra interaktionssätt har spridits över hela världen - vad som ansågs vara respektfullt beteende i ena änden kan nu ses som stötande i ett annat hörn. Ombordstigning kommer att ta tid eftersom vi anpassar och accepterar dessa skillnader med varandra samtidigt som vi lär oss att samexistera och kommunicera mer effektivt över gränserna.

Inte bara måste vi övervinna språkbarriärer, utan ofta kan det vara nödvändigt att acceptera att en annan persons likgiltighet för ögonkontakt kanske inte beror på tristess utan snarare respekt. Med tiden måste vi utveckla ett ömsesidigt acceptabelt sätt att kommunicera mellan kulturer.

I takt med att dessa globala kommunikationer blir allt mer effektfulla, märks deras effekter mest påtagligt hemma; resulterar ofta i förvirring och chock snarare än människors oförmåga att förstå andra.

För länge sedan kretsade samtal kring jakt, familj, barn och överlevnad. Även om samtalen kretsade kring dessa ämnen, finns det nu så mycket mer vi kan diskutera - från bank och investeringar till sport, teknik och till och med digitalisering, det finns så många ämnen och underämnen som skulle kunna diskuteras länge.

Intressen har aldrig varit så olika; att upprätthålla konversationer mellan dem kan vara en extremt svår utmaning. Ditt sinne kan lätt vandra när du pratar med någon vars intressen avviker väsentligt från dina; detta leder till förvirring och feltolkningar av handlingar, vilket gör det ännu svårare att läsa någons tankar än tidigare.

Eftersom vår värld snabbt förändras kan det vara utmanande att hålla jämna steg med dess snabba framsteg och hålla meningsfulla och produktiva samtal med människor. För att göra detta framgångsrikt och läsa dem korrekt, är det nödvändigt att vara uppmärksam på dessa faktorer samtidigt som du utvecklas i samma takt.

Vad krävs för att få ett fantastiskt jobb? mes Om det bara var upp till skolgång och högskolebetyg enbart, skulle personliga intervjuer inte ens vara nödvändiga. Har du någonsin fått ett erbjudande efter att bara ha bläddrat i LinkedIn-profiler för potentiella jobbkandidater och blivit imponerad av aktuella arbetsställningar? Det är högst osannolikt; grader indikerar inte alltid om någon är en idealisk kandidat.

Företag bryr sig djupt om ditt tänkesätt, dina vanor och hur väl dina tankar och värderingar stämmer överens med företagets - en aspekt som också bär över i livet. När man till exempel väljer en livspartner handlar det inte bara om att leta efter komiker; snarare bör du hitta någon som du delar liknande förståelse för hur världen fungerar genom icke-verbala medel som att röra händer.

Det är sant att livet och människorna ofta kan vara komplexa; ingen kommer med ett enkelt svar när det kommer till kommunikation eller sociala relationer. Inga varningsskyltar som varnar oss om lögner, övergrepp eller mobbningsbeteenden kan alltid finnas synliga på deras yta. Studier av den mänskliga naturen har lett till många anmärkningsvärda uppenbarelser. Det finns mönster i verbalt och fysiskt beteende som avslöjar dessa sanningar med anmärkningsvärd noggrannhet, ofta studerade noggrant av proffs som är dedikerade till att förstå denna aspekt av vår existens. Individer i sådana roller inkluderar hemliga agenter, psykologer, utredare, rådgivare och jurymedlemmar. Deras studie av mänskliga mönster gör det möjligt för dem att snabbt avgöra om någon är ärlig, döljer hemligheter eller ägnar sig åt kriminellt beteende - vilket hjälper dem att göra sundare bedömningar för att skydda både sig själva och andra från potentiell fara.

Onödigt att säga att interpersonell kommunikationsförmåga till stor del försummas i samhället idag. Därför bör de undervisas på skolor och högskolor oavsett vilket program eleverna väljer; människor som läser bör inte heller begränsas till psykologiska studier; marknadsförare, läkare, sjuksköterskor, advokater, rekryterare, idrottsutövare - alla professionella som arbetar med människor bör också lära sig denna färdighet.

Behärskning av kommunikation och läsning av människor
Människor som läser är en undervärderad färdighet som ofta inte uppskattas, precis som dess relation till att tala. Alla tänker inte på samma sätt och talar på samma sätt - allt beroende på uppväxt, miljö, känslor och personlighetstyper som påverkar vad vi säger - vilket innebär att en person kan säga en sak men en annan kan tolka det helt annorlunda; i slutändan handlar det om att kunna läsa människor tillräckligt noggrant för att exakt kunna härleda vad varandra menar med vad de försöker säga

Relationer Enligt Henry Winkler är antaganden relationens termiter - en observation som inte kunde vara mer sann! Oavsett vem det handlar om; make, föräldrar, vänner eller syskon: antaganden och missförstånd tjänar ofta som de främsta katalysatorerna för att skapa konflikter i dessa relationer; ofta feltolkas som bristande intresse från deras sida eller ett försök från ett eller annat syskon att dela en prestation som anses gnugga in den. Det finns många tillfällen i vårt dagliga liv då något vi säger kan tas ur sitt sammanhang helt eller feltolkas helt annorlunda av andra - får oss att ifrågasätta deras avsikter!

Om de bara förstod vad vi verkligen menade, skulle känslor eller uppriktiga klagomål inte misstolkas som avskildhet och klagomål. Alltför ofta förväntar vi oss att nära relationer ska fånga upp subtila antydningar, stämningar, beslöjade budskap eller antydningar utan att vi behöver uttala oss direkt; är det inte därför att kommunicera är en sådan konstform: att förstå vad andra menar utan att själv behöva säga ifrån?

Ibland kan det vara utmanande att korrekt läsa tecken i relationer. Förståelse, koncentration och ett medvetet sinne krävs alla om vi vill tolka dessa tecken korrekt; när det väl har förvärvats kan det göra en enorm skillnad för att upprätthålla sunda relationer. Vi hade ett par som bodde bredvid som trodde att hennes man ryckte varje gång han ljög för henne; som ett resultat av vilket de ofta hamnade i slagsmål!

Varje gång hon ställde en knepig fråga till honom, såg vi alla noggrant hans överläpp täckt av en imponerande mustasch och tittade på hur det började rycka som svar. Mitt intryck på den tiden var: Hon visste precis hur hon skulle upptäcka när han ljög! Denna information bådade inte gott eftersom de ofta bråkade om det - tills år senare när de sökte terapi där de fick veta att det ryckte inte för att han ljög utan snarare på grund av nervositet! Sådana antaganden orsakade så mycket skada i deras förhållande!

Att noggrant läsa människor kan hjälpa dig att övervinna sådana antaganden, vilket gör att du bättre kan förstå relationer trots hur väl någon kan uttrycka sig verbalt.

Karriär

Hade du vetat att din chef inte upplevde problem utanför arbetsplatsen som försenade slutförandet av hans arbete i tid, snarare än att bara vara frustrerad över att få det levererat sent, kan ditt tillvägagångssätt ha varit annorlunda: att erbjuda moraliskt stöd och utrymme istället Att ständigt kritisera förseningar skulle sannolikt ge starkare känslomässiga band med honom eller henne och kan öppna dörrar till möjligheter, förbättrade relationer och mer effektivt lagarbete.

De flesta jobb innebär att arbeta tillsammans i team för att producera resultat, vare sig som läkare, lärare eller chefer. Oavsett din specialitet - från medicin och undervisning till chefsroller - är förståelse och samarbete med andra yrkesverksamma avgörande för att utföra arbetet effektivt och till din bästa förmåga. Ledare i synnerhet måste samarbeta med en mängd olika individer - var och en har olika talanger, brister och reaktioner när de ställs inför utmaningar eller kritik - genom att förstå varför någon reagerar som de gör, kan du skräddarsy svaren på lämpligt sätt och utnyttja deras förmågor optimalt.

Företag satsar idag hårt på att skapa en trevlig arbetsmiljö för sina anställda, och inser att de anställda är deras största investering och att de bör förbli nöjda och glada för att prestera maximalt. Incitament erbjuds i allt högre grad med större tonvikt på medarbetarnas tillfredsställelse. Företag måste respektera varje anställds individualitet samtidigt som de uppfyller känslomässiga behov i enlighet därmed; läsning kan ge företag ett effektivt verktyg för att uppnå detta. Människor som läser kan också hjälpa anställda att behålla anställda genom att skapa en atmosfär som främjar välbefinnande och produktivitet.

Socialt liv

Människor är avgörande för vårt välbefinnande; de stödjer känslomässigt välbefinnande, grundläggande behov och övergripande mentalt välbefinnande. Alla människor önskar att bli hörda och förstådda, så människor som tillhandahåller trygga utrymmen för andra att göra just det lockar ofta de rätta energierna – tänk dig att prata med någon som förstod exakt vad du försökte säga utan att behöva oändliga förklaringar; du skulle förmodligen söka upp den personen vid alla möjliga event!

Mental och emotionell hälsa Att förstå våra egna tankar kan vara tillräckligt utmanande; ofta kommer våra reaktioner från orelaterade källor - brist på sömn kan göra dig arg eller berusad, medan små saker lätt kan sätta igång våra reaktioner utan att vi inser varför de gjorde det. Emotionell intelligens spelar en stor roll för att upprätthålla både vårt känslomässiga och mentala välbefinnande, genom att hjälpa oss att känna igen och förstå våra egna känslor; högläsning ger en annan nivå av insikt eftersom det låter oss dechiffrera andra människors avsikter lättare, som att förstå att ett utbrott från din partner lika gärna kan komma från att vara två år gammal som har missat sin tupplur!

Att förstå människor kan hjälpa dig att förbli lugn och positiv även i tider med höga känslor. Genom att ta avstånd från hån eller anfall som kan tyckas riktade mot dig men som faktiskt orsakas av andra, kommer förståelse att tillåta dig att förbli positiv även under tider av kaos och svårigheter.

Att läsa människor kan ta tid och övning, men att bemästra det är värt mödan för att skapa starkare relationer både med andra människor och dig själv. På jobbet kommer det att möjliggöra mer produktivt lagarbete medan det i ditt sociala liv kan skapa starkare nätverk av vänner genom att erbjuda dem ett säkert utrymme att förstå och kommunicera fritt.

Vad hindrar oss från att förstå människor? Även om ord-för-ord tankeläsning förblir utanför möjligheternas område för tillfället, har ingen mängd artificiell intelligens, tekniska eller medicinska framsteg lyckats avkoda de komplexa neurala kretsarna inom oss alla - men ändå är det något som hindrar oss från att korrekt förstå det talade språk?

Vad hindrar du dig från att läsa människor korrekt?

Kämpar du med att förstå människor på rätt sätt? Så vad hindrar dig från att korrekt tyda vad människor menar med vissa handlingar och ord? Att läsa människor ska vara lika enkelt som att förstå ansiktsuttryck, tonfall och dialog från andra, men detta händer inte alltid - samma ord som talas av samma individer vid olika tillfällen kan betyda helt olika betydelser!

Någon kanske säger till dig "Jag vet vad du menar", men deras tonfall kan indikera antingen komplimanger eller kritik.

Ibland kan det vara lätt att höra någons ton; andra gånger kanske det inte. Vi kan misstolka vad någon menar på grund av ett antal anledningar; här är några faktorer som påverkar hur vi tolkar människor:

Att känna dem för väl eller inte tillräckligt bra: När din relation stärks med någon ökar deras förväntningar på dig i enlighet med detta. Våra nära och kära förväntar sig att vi förstår vad de menar utan att behöva förklara sig själva eller kommunicera effektivt. "Ögon ska tala", när du känner någon intimt, men de kommunicerar ofta fel när de inte har rätt tänkesätt. Det finns alltid mer bakom varje blick än vad man kan se; ibland kan den historien till och med förbli okänd för dig! Vad någon säger eller menar kan variera kraftigt beroende på personlighet, miljö, tankar och andra dagliga influenser - det kan vara svårt att veta exakt varför någon kan vara på ett olyckligt humör; kan bero på att deras chef gav dem sorg.

I likhet med att feltolka ord och handlingar av någon som vi inte känner tillräckligt bra, kan att inte känna någon tillräckligt också leda till feltolkningar av ord och handlingar. En introvert har inget emot dig - de tar helt enkelt längre tid att öppna sig än de flesta. Att försöka läsa alla på samma nivå kommer därför sannolikt att sluta i misslyckande.

Att förbise sammanhanget och fokusera på tecken: Att undvika ögonkontakt kan tyda på att någon ljuger; men det kan också signalera ointresse eller låg självkänsla; ett av de värsta misstagen man kan göra när man försöker läsa människor är att tillämpa det man läser utan att ta hänsyn till sammanhanget och ta alla aspekter i beaktande när man försöker läsa någon. När du läser människor måste du ta hänsyn till alla faktorer snarare än att bara använda information från en bok som bevis mot en person.

Falling for the Poker Face: Gör inte antaganden enbart baserade på kroppsspråk, ord eller ansiktsuttryck när du läser människor. Att läsa människor innebär att man samlar in data om individer innan man noggrant analyserar den för att göra korrekta gissningar om dem. Anta till exempel inte att någon är nervös bara för att handflatorna är svettiga - håll utkik efter andra tecken också som tyder på liknande nervositet som att vibrera, se nervös ut när de pratar högt, stammar när de pratar etc... Det kan bara vara så att de har på sig för många lager och känner sig för varm inuti!

Omedveten om dina känslor: Det kan bara vara så att du är så upptagen av hur någon annan beter sig att du misslyckas med att bedöma hur du känner utifrån hur den andra personen agerar eller din egen uppfattning om dem? Dina egna fördomar, fördomar eller förståelse för dem hindrar dig kanske från att se helheten; för att korrekt läsa människor börjar det med självkännedom och en förståelse för hur du uppfattar människor.

Misstag av personlighet eller situation avsägande beteende Det finns två nyckelkomponenter som påverkar någons handlingar - deras miljö och personlighetsdrag. Tyvärr kan det vara utmanande att skilja mellan de två när man kommunicerar med främlingar och bekanta, vilket leder till felaktiga bedömningar av vad människor försöker kommunicera. Att dra för snabbt slutsatser innebär att ge dig själv tillräckligt med tid för att förstå om hur någon reagerar beror på personliga preferenser eller yttre krafter som de måste brottas med.

Ge till bekräftelsebias: När vi bildar förutfattade meningar om någon och associerar etiketter med dem i vårt sinne, tjänar allt de säger eller gör därefter till att underbygga dessa bedömningar av dem och bekräfta våra egna tankar om dem. Genom att göra detta kan vi dock hindra oss själva från att se hela bilden och istället fokusera på vad vi uppfattar som verklighet.

Att ge efter för personlighetsbias: När vi finner någon attraktiv skapar våra sinnen en alltför positiv bild av dem i våra sinnen. Detta gäller även människor vars vanor, hobbyer eller val liknar våra; våra åsikter tenderar att vara mer gynnsamma för någon vi känner oss attraherade av jämfört med någon annan än vi förväntade oss - vilket hindrar korrekta bedömningar om vem den personen verkligen är.

Inflytande från ditt förflutna: Om någon nyligen bedrog dig, är chansen stor att du kanske är mer ovillig att lita på vad någon säger nu. Våra tidigare erfarenheter kan forma hur vi bedömer andra människor.

Oflexibilitet: Om du har starka åsikter om något och någon inte håller med dem, kan mentala hinder bildas för att inte acceptera och förstå varandra fullt ut och objektivt. Till exempel, om du föredrar att spendera dina pengar klokt och är dedikerade till smarta investeringsstrategier, kan detta leda till att du negativt dömer dem som spenderar utan hänsyn till dessa frågor.

Faktum är att vi alla har förutfattade meningar om vad som anses vara acceptabelt beteende från andra människor. Även om det är helt okej att dras till eller blandas med dem med liknande ideologier och tankeprocesser, kan starka bedömningar av människor som inte passar våra ideologier skapa barriärer mellan att förstå hur andra tänker och beter sig och att vi fullt ut förstår deras synpunkter och beteenden. För att verkligen förstå andra och acceptera deras olikheter.

Miljö, uppväxt och personlighet spelar alla en roll för hur vi kommunicerar; vår miljö, uppväxt och personlighetsdrag påverkar alla våra ord, tankar och handlingar. Personlighetsexperter har identifierat specifika egenskaper och metoder för kommunikation som människor vanligtvis använder: Personlichkeit Assertiv; Aggressiv; Passiv aggressiv

* Manipulativ

När du blir bättre bekant med människor blir din förmåga att identifiera deras kommunikationsstil större. Att förstå varför någon talar på ett visst sätt kommer också att öka. Vid första anblicken tenderar passiva kommunikatörer att undvika ögonkontakt och hålla med om allt du säger, så att kunna känna igen deras kommunikationsstil kommer att möjliggöra mer exakta bedömningar av personlighetsdrag och relationer. Specifika situationer och relationer kräver olika former av dialog. Kommunikationsstilar skiljer sig beroende på vem som talar; du kan använda passiv-aggressiva strategier när du har att göra med människor du ogillar och mer manipulativa metoder när du pratar med främlingar. Att förstå dessa stilar kommer att gynna inte bara dig själv, utan också andra. Så låt oss dyka djupare för att se hur varje kommunikationsstil fungerar och identifiera liknande stilar hos andra människor.

Säker kommunikationsstil

Denna kommunikationsstil anses allmänt vara en av de mest effektiva formerna. Någon som använder detta tillvägagångssätt har fasta övertygelser och drar sig inte för att dela med sig av dem; de talar tydligt utan att förringa någon annans tro; respektera olika synpunkter samtidigt som de fritt uttrycker sina egna; de uppvisar hög självkänsla samtidigt som de söker konsensus och kompromisser under diskussioner.

Självständiga kommunikatörer kan lätt identifieras genom att de ofta använder "jag" när de talar. Till exempel kan de säga saker som "Jag tror att vi måste stödja hennes åsikter mer" istället för att formulera det som: "Du borde vara mer tillmötesgående för alla synpunkter". Dessa individer tenderar också att uppvisa positiva attityder när de kommunicerar.

Nedan är några tydliga tecken på någon med en självsäker kommunikationsstil: * De uttrycker tryggt sina behov och önskemål.

* De upprätthåller ögonkontakt. * De tvekar inte att säga nej när det är lämpligt. * De ger alla en lika chans att bidra med sina idéer.

* De använder "jag"-satser.

För att kommunicera effektivt med en självsäker talare, låt dem uttrycka sina tankar fritt och låt dem uttrycka exakt hur de känner när de ges utrymme att göra det. Självständiga människor tenderar att dela sina åsikter fritt när de ges denna chans, vilket gör dem lättare än andra stilar att läsa och tolka om du tycker att något är förvirrande; fråga bara dina frågor! De ger gärna alla svar!

Aggressiv kommunikationsstil

Människor som använder denna kommunikationsstil tenderar att vara aggressiva och fientliga. Deras mål i konversationer är alltid att vinna till varje pris och de tror ofta att deras bidrag till konversationer är mycket större än andra deltagares bidrag. Innehåll och sammanhang tenderar båda att gå vilse på grund av hur dessa människor levererar sina budskap - med aggressiva kommunikatörer som ofta använder skrämmande och förringande ton när de talar; sådana individer kan pressa tillbaka hårdare mot de med liknande stilar, vilket gör deras interaktioner ganska utmanande att läsa på grund av att allt de säger förloras i sin kamp för dominans av konversationer.

Nedan följer några tecken på att någon har en aggressiv kommunikationsstil: * De tenderar att prata om andra. * De pekar ofta fingrar. * Och till sist rynkar de pannan.

* Dessa människor tenderar att skrämma, förringa, kritisera och hota andra. De är också krävande och kontrollerande.

* Kommunikatörer som uttrycker sina idéer eller tankar med en aggressiv ton tenderar att använda uttalanden som "för att jag sa det!" att hävda sin auktoritet. Den stora skillnaden mellan en påstridig och aggressiv kommunikatör är deras önskan om dominans; en assertiv kommunikatör föredrar att leda snarare än att bli regisserad. När du pratar med någon med en aggressiv stil, försök att hålla konversationerna fokuserade och på ämnet; även om konversationer avviker, ta tillbaka dem genom att göra bedömningar av vad de säger istället för att ta hänsyn till deras tonfall när de försöker förstå deras budskap.

Passiv kommunikationsstil

Även kallad undergiven kommunikationsstil, passiva kommunikatörer tenderar att fokusera på att tillfredsställa andra människor genom att undvika konflikter och hålla igång konversationer på ett vänskapligt sätt. De ogillar konfrontation och svarar ofta genom att hålla med eller säga ja. I motsats till vad som kan förefalla initialt, engagerar människor med denna kommunikationsstil inte alltid positiv dialog - deras ineffektiva förmåga att förmedla sina åsikter kan leda till mycket förbittring och negativitet över tid; passiva kommunikatörer tycker att det är svårt att uttrycka sig tydligt medan passiva kommunikatörer till och med kan göra dem svåra att läsa eftersom vi knappt hör deras tankar uttrycka sig öppet!

Här är några tecken på att en individ ägnar sig åt passiv kommunikation:

* De får sällan ögonkontakt.

* Deras hållning är undermålig. * Deras attityd tenderar att vara en av "gå med strömmen".

* Personer med denna stil har ofta svårt att säga nej. För att effektivt kunna kommunicera med människor av denna stil är det bäst att ställa många frågor och uppmuntra dem att uttrycka sina åsikter.

Passiv-aggressiv kommunikationsstil

Alla har sin egen gråton i kommunikationen; den passiva-aggressiva kommunikationsstilen är inget undantag. En sammanslagning av två olika förhållningssätt till kommunikation, det omfattar passivt beteende i förväg med aggression som väntar i kulisserna vid alla tecken på konflikt; dessa individer kan verka trevliga men kan hysa betydande förbittring och ilska under ytan.

Harm tar sig ofta uttryck i skvaller, sarkasm, nedlåtande beteende eller indirekta kommentarer och kommentarer som uttrycker frustrationer indirekt. Personer med denna kommunikationsstil hanterar vanligtvis olösta problem och visar dem indirekt genom att använda passiv-aggressiva kommunikationsstilar: * De använder ofta sarkasm * Deras ord stämmer inte överens med deras handlingar * De kämpar för att erkänna känslor

* Deras ansiktsuttryck stämmer inte överens med vad de säger.

De kan använda fraser som "Bli inte upprörd! Det var bara ett skämt!" eller, "Oavsett vad som händer, jag bryr mig inte!" och kan ofta framstå som passivt aggressiva eller elaka när de kommunicerar sina avsikter; vilket gör detta till det svåraste att tolka eftersom det mesta av det de säger kommer från olösta konflikter och frågor.

Människor som använder den manipulativa kommunikationsstilen Människor som använder denna kommunikationsstil förlitar sig på bedrägeri och inflytande för att forma resultatet av konversationer och andra människors handlingar med ord. Deras tal kan ofta vara svårt att avkoda eftersom varje ord de säger verkar motiverat av vad de hoppas få; deras sanna avsikter förblir ofta gömda under lager av bedrägeri eller manipulationer; dessa människor kan ofta verka nedlåtande och kommer att göra sitt bästa tills du håller med om vad de säger.

Följande är några tecken på att du talar med någon med en manipulativ stil: * De gör vanligtvis uttalanden med stor övertygelse. * De tenderar att inte reagera bra när de konfronteras med motstridiga synpunkter. * De håller din blick längre.

* De använder handgester när de talar.

När man för dialog med dessa talare bör tålamod och lugn visas i lika hög grad. Försök att inte reagera känslomässigt genom att förbli påstridig men fast i din övertygelse; låt inte deras åsikter påverka dina egna åsikter men håll inte med heller, annars kommer de att isolera sig. Kommunikativa stilar avslöjar mycket om en individ; naturligtvis beror de på vem man kommunicerar med; genom att ägna stor uppmärksamhet åt dessa stilar kan du skräddarsy svaren på lämpligt sätt och få större insikt i att förstå människor mer grundligt

Kultur är resultatet av att många olika element möts: traditioner, folklore, ritualer, språkbruk, livsstilsval och trosuppfattningar – allt detta bidrar till att forma hur vi kommunicerar och förstår varandra. Kultur existerar inte bara geografiskt – två personer i ett förhållande utvecklar sin egen distinkta kultur över tid eftersom deras kommunikation, språkbruk och ritualer påverkar och formar den ytterligare – precis som olika verksamheter, regioner eller alla möjliga relationer också gör!

När du försöker förstå någon måste du också få en förståelse för deras kultur. Att veta var någon kommer ifrån; deras övertygelser och vanor; såväl som alla individuella ritualer eller seder som gör dem speciella är avgörande för att utveckla empati för den individen.

Människor som är vana vid att följa vissa regler och seder tenderar att interagera annorlunda än de med olika ritualer. Någon som är van att delta i möten där ingen kommer i tid kommer inte att uppskatta dess betydelse lika mycket, vilket får dem att tro att deras bristande förmåga att hantera tid beror på disciplinfrågor snarare än kulturell anpassning.

En individ som kommer från en kultur som kännetecknas av vissa stilar, språk och kommunikationsformer kommer sannolikt att ta med sig dessa influenser när han kommunicerar med någon utanför sin egen kultur.

Som observatör som försöker läsa människor bör du vara mycket uppmärksam på deras kulturella bakgrund. Tänk på att detta inte bara inkluderar deras religion och etnicitet, utan även eventuella ytterligare små kulturer som kan ha utvecklats på grund av att de tillhör specifika gemenskaper, organisationer eller andra influenser.

Kommunikationer och kulturer är beroende av varandra. Kultur uppstår genom interaktioner mellan individer som främjar ömsesidig kommunikation för att producera mönster, lagar, regler och ritualer som formar samhället som helhet. Vår kommunikation utgör ryggraden i kulturen som ständigt utvecklas genom global kommunikation som har blivit en daglig nödvändighet.

Människor från olika kulturer och etniciteter interagerar ofta på olika sätt.

Dagens kultur har kommit att omfatta mycket mer än bara ett sätt att vara och göra saker; beroende på vem en gemenskap eller ett samhälle interagerar med socialt eller professionellt kan det finnas olika kulturer och ritualer inom det utrymmet.

Som sådan blir det både lättare och mer utmanande att läsa och förstå människor i lika mått. För att bättre förstå varandra måste vi bryta ner antaganden och skapa rum som ger utrymme för olika föreställningar, regler och ritualer under samma tak. Men det kan finnas specifika utmaningar när man kommunicerar och förstår människor från olika kulturer som:

Människor kommunicerar olika. Våra språk varierar liksom de ord och fraser vi använder. Även fraser som till synes enkla som "vad du vill" kan ha olika tolkningar över kulturer; tummen upp kan antingen vara positivt eller stötande beroende på vem det gavs till. Från sittarrangemang till avståndsskillnader mellan individer, allt förstås olika mellan nationer runt om i världen.

Alla hanterar inte konflikter på samma sätt; vissa kanske ser det som ett sätt att nå produktiva slutsatser medan andra ser det som utmanat. När du kommunicerar över kulturer måste du vara lyhörd för andra människors känslor och vara mycket uppmärksam på hur de reagerar på specifika handlingar som du eller andra inblandade parter vidtar.

Respektera personligt utrymme. Covid-19 kan ha tvingat oss att utveckla social distans, men andra kulturer accepterar inte heller fysisk kontakt och närhet. När du försöker läsa människor korrekt, var försiktig med dessa detaljer och försök att inte överträda någons personliga utrymme genom att gå för nära eller tvinga in dig själv för tidigt.

Som människor som lever i denna enormt varierande värld är vi beroende av varandra för överlevnad och uppfyllelse. För att möta detta behov på ett effektivt sätt är det viktigt att vi tar hänsyn till varandras kulturella skillnader och begränsningar. Du kan inte förvänta dig att korrekt läsa någon utan att först förstå vad som har format deras ord och handlingar; vad någon säger kan återspegla alla deras livstro och erfarenheter - att visa vänlighet kan stärka banden mellan oss alla.

Efter att ha pratat med en vän inser du plötsligt att de har slutat svara nämnvärt och nickar bara med till vad du än säger utan att ge mycket egen input. I det ögonblicket önskar du att du visste hur man läser deras humör exakt - något som kräver tålamod och förståelse; ändå säkerligen uppnåeligt!

Att läsa människor kan förändra hur du närmar dig dem och vice versa. Att förstå människors känslor och behov gör att du kan svara på lämpligt sätt och fördjupa relationer. Justera kommunikationsstilar och toner för att få en djupare kontakt med människor. Men vad ska du fokusera på när du försöker läsa människor? Att förstå varför de agerar som de gör kan ge insikt i mänsklig psykologi; det är precis vad det här avsnittet kommer att täcka!

Del två fokuserar på att förstå det mänskliga sinnet genom århundraden av forskning, vetenskapliga rön och en undersökning av den mänskliga naturen. Vi täcker olika teorier som hjälper till att avslöja olika personlighetstyper och grundläggande mänskliga behov som motiverar människors tankemönster och beteenden - kunskap som kommer att visa sig ovärderlig när man har att göra med olika människor från alla samhällsskikt.

Har du funderat på vad som motiverar människor Har du någonsin funderat på vad som motiverar andra och dig själv när det gäller dagliga motivationer och önskningar? Har du bestämt deras drivkrafter Någonsin tänkt på vad som driver dig? Oavsett vad som driver din stressande körning är det med största sannolikhet också att driva andra.

Vad driver dig i livet?

Att förstå denna miljon-dollarfråga kan göra en dramatisk skillnad för både dig själv och dina närmaste - motivation är den kraft som håller allt stadigt på sin plats.

Att ta reda på vad som motiverar människor är nyckeln till att förstå dem, men detta kan vara svårt på grund av att alla är olika. Ens förflutna och nutid påverkar deras mål som motiverar dem framåt med livet trots svårigheter de möter på vägen.

Så för att till fullo förstå vad som motiverar människor, är det nödvändigt att lära känna dem individuellt. Genom att träffa människor direkt och ansluta på en intim nivå kan du lära dig om deras tidigare erfarenheter, de kamper de har övervunnit, nyckelpersoner i deras liv och eventuella drömmar eller mål som de hoppas eftersträva i livet - information som gör att du kan pussla ihop sin personlighet som avslöjar deras drivkraft i livet.

Enligt forskare och psykologer föds alla människor med tre universella behov som driver dem:

1. Självständighet -motivationen att göra personliga val- är av största vikt, medan 2. Färdighet ger motivation till att bli erkänd för något.

3. Behov av anslutning – viljan att känna sig värdefull av andra [3]

Därför, när du försöker förstå någons motiv för förändring, ägna stor uppmärksamhet åt de ämnen de tar upp i samtalet. Är deras drivkraft deras önskan om kontroll över affärer, ekonomi och andra aspekter av deras liv; eller deras önskan att uppnå högre positioner på jobbet med mer konkurrenskraftiga karriärmål; eller kanske det helt enkelt är att vara tillgänglig och närvarande för dem i deras liv: vänner, kollegor eller familj?

Att prata med dem kommer att ge en indikation på vad som motiverar dem. Dessa tre grundläggande instinkter kan ge motivation; men det finns andra krafter som också stimulerar motivation hos individer.

Vissa individer prisar berömmelse och makt. När du ser personer med hög makt som politiker, företagsägare eller ledare i fackföreningsfullmäktige i positioner som politik eller medlemskap i fackföreningsfullmäktige drivs de troligen av att ta sig längre upp i karriärstegen. Andra finner motivation genom att ta på sig ledarroller inom en institution eller ett land och skapa förändring genom initiativ som förbättrar saker som tjänsteleverans eller anläggningshantering.

Man kan se denna drivkraft inte bara genom deras tal och handlingar utan också i hur de agerar. För att få kontakt med dessa typer av individer, var direkt, saklig och logisk. De värderar sin tid högt; så de kommer att respektera dig om du respekterar deras tid också.

Där vissa individer drivs av yttre krafter, finner andra motivation i inneboende faktorer som passion. Detta kan inkludera att resa runt i världen eller arbeta mot något som gynnar andra; människors ögon lyser när de diskuterar ämnen som väcker deras passion; gör ofta uppoffringar av sömn, fritid eller hälsa för större mål.

Så snart du får kontakt med någon vars passion driver deras handlingar, borde det bli lättare att bygga ett känslomässigt band. Att förstå människors influenser tar bort alla gissningar om hur man bäst förstår dem.

Maslows behovshierarki)
För att bättre förstå mänskliga sinnen och känslor utvecklade Abraham Maslow (en amerikansk psykolog) en behovshierarki som illustrerar grundläggande behov som drivkrafter för människor. Denna teori omfattar fem nivåer i sin pyramidrepresentation.

När de grundläggande behoven väl är tillfredsställda fokuserar man på att möta ytterligare nivåer tills man når den ultimata tillfredsställelsen och når den översta nivån i sin pyramid.

Maslow trodde att människor var motiverade att uppfylla sina grundläggande krav innan de gick vidare mot mer komplexa krav.[4]

Låt oss dissekera dessa fem nivåer av hierarki för att få en bättre förståelse för vad som motiverar individer i livet att gå vidare i sina ansträngningar.

Nivå I: Fysiologiska behov hos studenter

Dessa grundläggande behov är avgörande för människans överlevnad och inkluderar:
* Vatten >> mat.4vetement Kläder och tak över huvudet.
* Resten
I basen av pyramiden ligger dessa behov som bestämmer liv eller död. Även med starka relationer och självförtroende på plats, utan mat för överlevnad skulle din existens vara i fara - liksom dina relationer eftersom dina grundläggande behov förblir ouppfyllda kommer du sannolikt att söka andra källor för att fylla det tomrummet - som att försöka fylla ett fyrkantigt hål med runda pinnar!

Nivå två av Maslows behovshierarki När vi väl går uppför Maslows behovstrappa blir säkerhet och säkerhet högsta prioritet för dem vars fysiologiska behov redan har uppfyllts. Dessa behov uppstår ur en önskan om kontroll och ordning i livet och inkluderar: * Hälsa och välbefinnande * Finansiell stabilitet Inledningsvis kanske dessa bekymmer bara har begränsad tilltal, men när du går upp i Maslows pyramid blir de avgörande överväganden, till exempel för människor vars fysiologiska behov har redan varit nöjda
* Skydd mot skador och olyckor. Dessa behov tvingar individer att skaffa bra anställning med potential för avancemang, säkra sjukförsäkringar, bidra till sparkonton och bo i säkra stadsdelar för skydd mot stöld och våld.

Maslow beskriver nivå 3 i sin hierarki som inkluderar kärleks- och tillhörighetsbehov enligt följande. Dessa sociala behov inkluderar tillhörighet, acceptans och kärlek - känslomässiga behov som överensstämmer med interpersonella kopplingar och tillhörigheter såsom romantiska relationer, vänskap, sociala miljöer eller gemenskapsgrupper som tillfredsställer dessa instinkter.
* Religiösa organisationer
Att känna sig älskad och uppskattad av andra är nyckeln till att bekämpa känslor av ensamhet, ångest, depression och sorg. Anknytningar skapar känslan av att tillhöra livet genom att ge meningsfulla syften - ett känslomässigt band är avgörande för att motivera mänskligt beteende i detta skede av mänsklig evolution.

När vi går uppåt i Maslows behovshierarki blir kraven mer komplicerade. I det här skedet är aktningsbehov de främsta motivatorerna hos människor - att hänge sig åt deras önskan efter respekt och beundran är det som driver allt! Människor ägnar mer av sin tid och sina ansträngningar åt idrottsaktiviteter, professionella prestationer, akademiska framgångar eller andra medel som bidrar till att uppfylla kraven på självkänsla.
Människor i detta skede vill känna att de gör ett meningsfullt bidrag till samhället och är värdefulla medlemmar. Uppnådd lycka innebär att vara nöjd med sig själva, vilket i sin

tur stärker andra i sin omgivning. Positiva inflytanden i andras liv blir viktiga källor till validering för att göra andras liv bättre.

Människor som inte kan möta denna nivå av behov utvecklar ofta ett mindervärdeskomplex och är mottagliga för problem med låg självkänsla; som ett resultat tror de att de inte hör hemma i relationer och att andra skulle ha det bättre utan dem. Detta påverkar i sin tur negativt mellanmänskliga relationer eftersom dessa känslor av underlägsenhet tenderar att orsaka skada och skada mellanmänskliga band som ett resultat.

Men även behov som faller på de högsta nivåerna kan fortfarande ha en stor inverkan på den övergripande livskvaliteten.

Nivå 5: Behov av självförverkligande
När en individs grundläggande behov är tillfredsställda kan de gå vidare till att möta behoven för självförverkligande genom att utforska sitt inre och använda sina talanger för personlig tillväxt. På den här nivån bör ditt yttersta mål vara att uppnå djupa nivåer av tillfredsställelse som kommer att vara under hela din livstid.

Inga två människor har samma uppfattning om sitt ideala jag, vilket påverkar deras handlingar. Vissa fokuserar på att tjäna mer pengar; andra strävar efter att göra intryck inom kreativa områden eller ställa upp som frivilliga för samhällstjänster; åter andra söker inre uppfyllelse genom självutveckling eller ge tillbaka. Alla längtar efter att nå denna ultimata tillfredsställelse men bakslag motverkar ofta framsteg - flera individer går upp i pyramiden innan de slutligen kommer fram till denna nivå av uppfyllelse.

Maslow identifierade denna översta nivå som "tillväxtbehov" medan de fyra lägre som "bristbehov". När man strävar efter att tillgodose bristande behov kan aspekter uppstå som leder till deprivation i olika aspekter såsom matbrist, ekonomisk påfrestning eller känsla av isolering. Genom att flytta upp för varje nivå i Maslows behovshierarki kan olycka elimineras ett steg i taget.

Tvärtom, om dina nivå fem-behov inte uppfylls, kommer de inte att leda till omedelbara svårigheter när det gäller mat, ekonomi eller säkerhet; snarare härrör de från din önskan att utveckla dig själv ytterligare som individ och kan ha djupt skadliga effekter på dina lyckonivåer.

Maslows teori framställer sig ofta som en stel hierarki; men många har observerat att dess uppfyllelse inte följer en orubblig utveckling baserat på ens individuella behov. Till exempel kan vissa prioritera behov av självkänsla framför kärleks- och acceptansbehov, eller så kanske kreativa prestationer överskuggar till och med grundläggande nödvändigheter helt och hållet; allt beror på en individs prioriteringar.

Maslows teori om behov ger fem kärnbehov som omfattar beteendemotivation. Genom att förstå vilket steg i pyramiden en individ faller, kan du bättre förstå dem och kommunicera effektivt.

T kallas vetenskap eftersom att förstå något så komplext som mänskligt beteende kräver noggrann analys av sinne och beteende. Att analysera sådana studier ger dig verktyg för att inte bara känna empati med människor utan att reagera på lämpligt sätt när de verkar arga, ledsna, glada eller upplever någon annan känsla.

Har du någonsin övervägt Jungs teori om fyra psykologiska funktioner Har du någonsin funnit dig själv ifrågasätta varför vissa människor verkar mer hemma i stora sociala sammankomster medan andra blomstrar mer när de hålls i mindre intima miljöer? Har du undrat varför vissa alltid är redo för skoj medan andra längtar efter en introspektiv kväll med en bok vid brasan?

Eftersom varje individs medvetna energi och intressen flyter i olika riktningar baserat på deras personliga psykologiska erfarenheter och miljöpåverkan, lades denna teori fram av den schweiziske psykoanalytikern och psykologen Carl Jung. Enligt honom dominerar vissa attityder och funktioner i personligheten som motsatta tendenser som bestämmer dess dominerande personlighetstyp; dessa riktningar bestämmer sedan dess attitydtyp: introversion eller extroversion.

Jung noterade att dominerande attityder eller funktioner blir en del av mänskligt medvetande medan deras motsats representerar omedvetna personlighetsegenskaper; sådana tendenser dyker ofta upp under stress eller genom drömmar.

Innan vi utforskar Jungs teori om fyra psykologiska funktioner, låt oss ta en snabb blick på två personlighetsattityder beskrivna av honom som utgör dess grund.

Introversion vs. Extroversion – Fördelningen av attityder
Introversion och extroversion representerar motsatta ändar av ett attitydspektrum, bestämt av hur man lägger ut energi. En persons orientering mot yttre faktorer spelar också in.

Introverta tenderar att dra tillbaka sin energi från föremål och se till att yttre påverkan inte utövar makt på dem; extroverta å andra sidan tenderar att utöka energi i ett försök att bilda aktiva relationer med dessa objekt. Per definition fokuserar introverta på den inre världen medan extroverta fokuserar mer på yttre miljöer – psykologer håller idag med Jungs teori om att dessa temperament kan överföras genetiskt.

Jungs teori säger att vi tenderar att reagera på fyra distinkta sätt baserat på våra dominerande personlighetsattityder: Tänkande, Sensation, Intuition och Feeling.

Han delade vidare dessa funktioner i två distinkta grupper: Rationell (tänkande och sensation) och Irrationell (intuition och känsla).

Introversion och extroversion kan inte förstås isolerat; snarare måste de ses inom ramen för dessa fyra funktioner för att skapa en fullständig bild av en individs personlighet. Denna teori försöker demonstrera komplexiteten i mänsklig typologi.

Jungs teori menar att alla fyra funktionerna kan bli dominerande vid olika tidpunkter beroende på yttre förhållanden; ändå sticker en funktion vanligtvis ut på grund av medfödda tendenser eller utvecklingsfaktorer - det är så jungiansk teori beskriver dem.

Tänkande: Denna form av utvärdering bygger på logik och begreppsmässiga ömsesidiga beroenden mellan objekt för att bedöma sanning eller falskhet i erfarenheter, analysera verkligheten genom logisk störning och analys och fatta välgrundade beslut. Processen inkluderar systematiskt och rationellt tänkande eftersom det hjälper till att förstå verkligheten genom systematiskt samspel och undersökning.

Sensation: Denna funktion representerar det estetiska värdet som tilldelas en upplevelse utan någon logisk utvärdering eller resonemang; istället uppfattas förnimmelser utifrån hur saker och ting ser ut utan att tveka; alla begrepp som sammanhang, betydelser, implikationer eller alternativa tolkningar ligger utanför dess räckvidd och representerar information exakt så som den ser ut för sinnena.

Intuition: Den intuitiva funktionen är fokuserad på vår maginstinkt eller allmänna uppfattning av situationer snarare än detaljerad analys eller logisk slutledning. Intuition ger riktning genom sin förståelse av omständigheter, relationer och latenta möjligheter i situationer, utan bevis eller bevis för att backa upp det. Att lägga till mening till händelser genom att intuitivt läsa in i situationer samtidigt som man plockar upp mönster som kan vara mindre märkbara direkt är en del av denna funktion.

Känsla: Känsla är en sentimental funktion som innebär att utvärdera en situation utifrån ens fördomar, tycke och smak. Beslut fattas utifrån tidigare erfarenheter som påverkar känslor kring liknande situationer – vilket alltid är subjektivt.

Jungs teori om fyra psykologiska funktioner placerar rationella och irrationella funktioner i motsatta ändar av spektrumet (d.v.s. känsla är motsatt tänkande och intuition är motsatt sensation), så att om sensation är din dominerande funktion så skulle inte intuition inkluderas bland dina sekundära funktioner; snarare skulle tänkande och känsla förbli aktiva beslutsfattare som omedvetet är involverade i beslutsprocesser.
Liknande logik gäller för personlighetsdrag (introversion och extroversion). Om ditt övervägande tankesätt är introvert, är chansen stor att ditt undermedvetna känslaläge kommer att vara extrovert.
Människor tycker ofta att det är utmanande att använda sina sekundära funktioner effektivt, men genom övning och medvetenhet om dina handlingar kan du lyfta dessa subliminala förmågor till medvetna tankemönster.
Att läsa människor kan göras genom att veta om deras dominerande funktioner lutar åt att vara introverta eller extroverta, vilket du kan sluta dig till genom vanliga tecken som

deras sociala preferenser, uttrycksfullhet eller umgängeskrets. När denna information har fastställts kan du förutsäga vilken funktion de vanligtvis använder när de fattar beslut.

Sedan 1970-talet har psykiatriker använt Enneagrams personlighetsteori för att identifiera individers egenskaper och egenskaper. Den består av ett niopunktsdiagram där varje punkt representerar en personlighetstyp som motsvarar hur människor tänker, känner och agerar mot sig själva och andra. Det finns 27 undertyper inom varje punkt med tre nyckelcentra som representerar känsla, handling och tanke som alla påverkar våra beteenden i olika miljöer, och i slutändan bestäms av våra underliggande motiv.

Enneagram försöker karakterisera människor utifrån deras dominerande motiv, rädslor och beteenden för att bättre förstå en individs personlighet. När man läser människor med hjälp av Enneagram-analys ger dess personlighetstyper djupare insikter i en persons styrkor och svagheter samt hur de förhåller sig till samhället som helhet. Dessutom hjälper Enneagram att förstå motiven bakom varför individer agerar som de gör.

Enneagram-teorin hävdar att människor föds med en dominerande personlighetstyp, men detta kan förändras på grund av erfarenheter och yttre faktorer. Externa och medfödda egenskaper tenderar att påverka varandra; instinktiva personlighetsegenskaper avgör hur någon reagerar i stressiga situationer; vilket i sin tur formar deras personlighet till att antingen vara orolig eller lugn.

Detta teoretiska system understryker ytterligare det faktum att människor inte passar in i en kategori; deras personligheter består istället av flera egenskaper som kombinerar grundläggande typer, med några ytterligare "vingar", som kallas temperamentmodifierare eller vingar. Även om vingar har visst inflytande över temperament, ändrar de inte nämnvärt dominerande personlighetstyper; enligt denna teori tenderar grundläggande egenskaper att förbli konstanta över tiden, även om specifika kan förändras på grund av yttre påverkan som vanor och hälsa.

Individer kan ha flera personlighetsdrag, där den dominerande typen alltid framstår som viktigast för dem. Ett Enneagram-test kan hjälpa till att identifiera dessa personlighetsdrag.

Låt oss nu överväga: vilka är de nio personlighetstyperna som finns i personlighetens Enneagram? Låt oss undersöka dem ytterligare.

Enneagram typ 1 – principiella reformatorer Människor som tillhör denna personlighetstyp drivs av önskan att handla moraliskt och etiskt rättfärdigt. De värdesätter integritet, principer, självkontroll och perfektion på alla områden i livet. Typ Ones tenderar att vara accepterande mot både sig själva och de runt omkring dem samtidigt som de strävar efter självbehärskning och excellens på alla områden av sitt liv. De tenderar att vara accepterande mot både sig själva och de som står dem nära, men ibland kan de bli intoleranta och dömande när deras ofullkomlighet dyker upp eller får dem att känna sig otillräckliga eller otillräckliga.

Typ Ones bebor vanligtvis Enneagrammets handlingscentrum, även om deras handling och kontroll tenderar att komma inifrån - genom principer, disciplin och självdisciplin. Dessa principer fungerar som deras vägledande kraft och får Ones att framstå som organiserade och kvalitetsfokuserade.

Människor som tillhör denna kategori tenderar att ha en akut känsla för rätt och fel, och ställer höga krav på både sig själva och människorna runt dem. Deras inre dialog innehåller ofta många "jag måste" eller "jag borde" uttalanden när de håller ett internt styrkort mot sig själva, vilket kan leda till expansion och sammandragning i deras liv.

De är kända för att uppleva frekventa anfall av ilska, även om de vanligtvis håller den under kontroll. Deras ilska visar sig vanligtvis genom förbittring eller irritation när andra ägnar sig åt oansvarigt eller oetiskt beteende; i extrema fall visar det sig i passivt-aggressivt beteende där deras fysiska stelhet ökar samtidigt som de blir ovanligt artiga trots att de är kritiska mot andra och ofta verkar icke mottagliga för kritik från externa källor, vilket leder dem in på vägen mot frustration och så småningom ilska.

Typ Ones är relativt sällsynta - enligt en studie med över 54 000 svarande, utgör endast 10% Typ Ones.[6]

Enneagram Typ 2 - Omtänksamma hjälpare

Typ två har en inneboende önskan att känna sig omhuldade av människorna runt dem, och lägger stor vikt vid att odla meningsfulla kontakter och generositet, vänlighet och osjälviskhet. Deras mål är att göra världen till en kärleksfull miljö genom att ge stöd och uppmärksamhet till dem som står dem närmast.

När de är som bäst kan Typ Twos vara varma, tillgivna och generösa individer som delar blygsamhet och ödmjukhet med världen. Tyvärr kan mindre friska tvåor verka självcentrerade och manipulativa och ge bara för en belöning; deras inre röst säger till dem att de bara är värda besväret om andra älskar och behöver dem och det kan få dem att överträna och ge mer än nödvandigt.

Tvåornas handlingsmönster drivs av deras vilja att utveckla relationer. Därför anstränger de sig energi och ansträngning för att knyta nära band och vänskap, dra in människor med generösa gester av beröm eller komplimanger som får andra att känna sig speciella och uppskattade. Tvåor tenderar att ge utmärkta rådgivningstjänster så snabbt som de svarar när någon behöver hjälp, eller känner att någon potentiellt kan skada dem de bryr sig om.

Tvåornas tankeprocesser styrs av omtanke och eftertänksamhet. De är anpassade till andras behov - även de som inte är medvetna om sina önskningar - vilket gör att deras tankar ofta konsumeras av andra människor och hur man kan få kontakt med dem på ett meningsfullt sätt. Som ett resultat kan en betydande del av mental energi ägnas åt att försöka ansluta.

Tvåor tenderar att ha stor glädje av att känna sig oumbärliga, vilket kan översättas till stolt självaktning eller en överdriven känsla av sin egen betydelse och i slutändan undergräver mellanmänskliga relationer.

Tvåornas känslor tenderar att yttra sig externt som varm och stödjande energi. Deras starka empati gör dem skickliga på att känna av andras känslor och svara därefter, och även om de är allmänt vänliga mot människor kan de ibland överraska med sin ökade ilska när de känner att de har blivit ignorerade eller orättvist behandlade; Tvåor är självsäkra när de skyddar dem de bryr sig om när de upplever att de blir orättvist behandlade och upplever känslomässig smärta om de ignoreras eller ignoreras.

Typ två utgör cirka 11 procent av befolkningen, med kvinnor som är vanligare inom den andelen än män.

Enneagram Typ 3 - Konkurrenskraftig presterande

Konkurrenskraftiga prestationer motiveras av en önskan att överträffa sig själva och överträffa tidigare prestationer med större. Resultat, erkännande och effektivitet blir av yttersta vikt i deras ögon, vilket leder till att de anpassar sina handlingar efter omständigheterna för att nå nya nivåer av prestationer.

När de är som bäst kan dessa individer ses som principfasta, hårt arbetande och motiverade individer som sprider integritet och hopp över hela världen. Men ibland kan deras önskan om framgång förtära dem i en sådan utsträckning att det leder dem bort från viktiga relationer i livet - vilket gör att de känner sig särskilt viktiga för sig själva och ökar deras känsla av självvärde genom handlingar snarare än ord.

Görare tenderar att agera med målinriktade handlingsplaner. Deras energi och fokus riktas mot att utföra uppgifter effektivt. Många som tillhör denna personlighetstyp kan lätt ändra sin persona för att passa vilket beteende, roll eller förväntningar som än förväntas av dem; deras tävlingskaraktär visar sig ofta under fritidsaktiviteter eller på jobbet - individer i denna personlighetstyp tenderar att hitta aktiviteter eller tävlingar som gör att de kan lysa mer medan sociala treor föredrar lagtävlingar som möjligheter att visa ledaregenskaper inom grupper - verkar energiska och självsäker på någon given tidpunkt.

Treornas tankemönster ger deras personligheter en optimistisk kant. De ser misslyckanden som möjligheter att lära sig snarare än att låta dem hindra dem från att gå vidare med sina mål. Treor tenderar att betona information som stöder deras synvinkel samtidigt som de ignorerar andra. Deras framgång ligger i deras förmåga att fokusera på rätt saker och fatta kalkylerade beslut; deras snabba tankeprocess gör att de snabbt kan förstå alla situationer innan de anpassar sig med lämplig kommunikation och engagemang för att få saker att gå enligt plan.

Deras konkurrens uppstår från deras önskan att jämföra sig med andra och bedöma sig själva efter hur bra eller dåligt de jämför, ofta blir de helt fördjupade i sitt arbete, tills det blir en del av vem de är som individ.

Deras känselmönster tillåter dem att känslomässigt frigöra sig från alla situationer och fatta objektiva, rationella beslut. Deras negativa känslor - som stress, rädsla och ångest - förtär dem inte, men de upplever fortfarande frustration och ilska.

Treor syftar till att undvika att hamna på människors dåliga sida när det är möjligt om det kan bidra till deras framgång på något sätt. De är medvetna om hur människor kan reagera på deras attityder och handlingar; även om de kan verka vänliga utifrån, kan de inuti känna sig misstroende mot andra; deras fokus ligger i att projicera förtroende till andra, och på så sätt undertrycka allt som tar bort deras fokus från att göra detta; andra kan uppfatta treor som oberörda eller till och med allvarliga på grund av detta beteende.

Enneagram typ tre är bland de mest sällsynta personlighetstyperna. Av 54 000 deltagare som deltog i en studie som nämnts tidigare, identifierade endast 11 % sig med denna personlighetstyp; de flesta identifierade sig som manliga.

Enneagram Typ 4--Intensiv kreativ

Enneagram Type Fours drivs att uttrycka sin unika kreativitet genom ord, arbete eller något annat utlopp - inklusive språket självt! Eftersom de värdesätter individualism lägger de stor vikt vid självuttryck och känslor.

Romantiker i hjärtat och beundrare av skönhet, Fours är sanna kreativa i egentlig mening. När de är som bäst är de som tillhör denna kategori känsliga men ändå nöjda, med en autentisk stil som gör dem unika; i värsta fall kan de framstå som temperamentsfulla eller melankoliska på grund av att de är medvetna om sina brister och sår; deras självprat innebär att söka ett syfte med livet genom att uttrycka sig autentiskt.

Fyrornas handlingar drivs av deras behov av att uttrycka sig. De trivs genom att dela djupa erfarenheter med dem de bryr sig om, ofta genom att dra fram sin inre konstnär eller använda symboler. Deras excentriska personlighet gör dem ofta frustrerade och besvikna när de utför tråkiga uppgifter som inte uppfyller deras önskningar.

Fyror tenderar att använda uttalanden som "jag", "jag" och "min", som delar personliga erfarenheter med en publik. Även om detta kan verka självupptaget till en början, är detta faktiskt deras sätt att få kontakt med andra och bygga relationer.

Dina tankemönster härrör från ditt behov av att fylla alla hål i ditt liv, som saknade delar av dig själv. De tenderar att internalisera negativ information om sig själva samtidigt som de bortser från positiv data - vilket leder till att de internaliserar negativa meddelanden om sig själva samtidigt som de avfärdar alla positiva nyheter, vilket i sin tur kan utlösa reaktioner närhelst någon föreslår negativa implikationer om dem. Deras omdöme blir grumligt av känslor eftersom deras omdöme till stor del bygger på känslor snarare än logik – detta resulterar ofta i att man fattar partiska beslut på grund av denna partiska bedömning baserat på erfarenhet eller känslomässiga kopplingar som ligger till grund för att fatta viktiga beslut.

Fyrornas introspektiva natur tenderar att leda dem på en inre väg av tankar som ibland är för djup för deras bekvämlighet, vilket leder dem ner på negativa tankebanor som i slutändan minskar deras självkänsla och leder dem till att bli missförstådda av andra människor.

Fyrornas känslor är deras största tillgång; de hjälper dem att känna sig anslutna till världen och andra. Fyror är dessutom mycket medvetna om andras känslor - ofta mer än de själva! Tyvärr tenderar fyror att dröja för länge vid sina känslor, vilket gör att de verkar djupa, intensiva och lynniga.

Fyror tror att genom att uppleva sina känslor – oavsett om de är sorg eller glädje – kan de utforska vem de verkligen är. Deras känslor fluktuerar ofta med förändringar i världen omkring dem, även om sorg, längtan och saknad tenderar att påverka mer än lycka och kan få dem att framstå som melankoliska eller avlägsna från samhället. Tyvärr tar de ofta saker på för stort allvar och behöver lite lätthet i sina liv.

Typ fyra individer tenderar att vara unika individer som sticker ut från mängden med sin individualistiska stil och stil, vilket ofta gör att de sticker ut i mängden. [7]

Enneagram typ 5--tyst utredare

Femmor är kända för sin introspektiva natur, driven av en intern önskan att avslöja sanningen och förstå andra för att fatta beslut. När de försöker förstå sin omgivning sätter Fives stort värde i kunskap och objektivitet när de fattar beslut baserade på objektiv kunskap. Femmor prioriterar också oberoende framför allt annat och förblir medvetna om ekonomiska besparingar i motsats till att be andra om hjälp eller be andra om stöd när de fattar ekonomiska beslut; dessutom respekterar de integriteten genom att ge andra tillräckligt med utrymme att leva.

Andra ser ofta femmor som kloka och visionärer, med icke-anknytningar som möjliggör meningsfulla kontakter med människor. När de är som värst kan femmor verka intelligent arroganta eller frånkopplade från sina känslor när de ofta drar sig tillbaka till introspektiva tillstånd för att försöka förstå världen omkring dem.

Femmor fokuserar sina handlingar på att njuta av ensamhet och sitt eget sällskap, och lägger stor vikt vid "integritet", även om varje individ kan definiera det annorlunda. De använder ensamtid för att ladda resurser och sätta gränser med andra samtidigt som de är självständiga – detta inkluderar ofta att göra förändringar i rutiner eller omgivningar för att bibehålla autonomi utan att bli beroende. Dessa förändringar kan innebära att anta minimalistisk livsstil eller hamstra i den ena eller andra änden.

Femmor tenderar att vara konservativa med hur de använder tillgängliga resurser eftersom detta kan hindra deras oberoende. De kan verka avlägsna eller ointresserade tills något av intresse för dem dyker upp - då kommer du att upptäcka att de är mycket lyhörda och kommunikativa och delar information med andra.

Tänkande är kärnan i deras varelse, eftersom de tror starkt på att kunskap är makt. Deras kunskapstörst driver dem att utforska information på djupet; skulle något fånga deras intresse, skulle de anstränga sig för att bemästra det och etablera sig som experter på det området.

Sinnet är ett heligt utrymme där de kan finna tröst från resten av livet. Människor med denna talang kan organisera information i olika fack i deras sinne - vare sig det är händelser, datum eller andra fakta - för att behålla intresset för olika ämnen samtidigt som de skapar tydliga gränser mellan olika aspekter av relationer och livet.

Deras emotionella tillstånd påverkas i hög grad av deras cerebrala kapacitet, eftersom de tenderar att förstå sina känslor genom att intellektualisera och lita på att deras sinnen förstår dem. Tyvärr gör detta det svårt för dem att skilja mellan känslor och tankar, vilket ofta gör dem utmattade efter känsloladdade händelser eller öppna projekt.

Man kan bli utmattad när man ständigt hanterar personliga resurser och energi, men ändå kan deras förmåga att frigöra sig från känslor hjälpa till att hantera energi mer effektivt. Genom att frigöra sig får de makt över när de ska granska eller återuppleva känslor när det passar dem, vilket möjliggör ytterligare känslomässig bearbetning när det passar dem. Deras känslomässiga distanserande beteende fyller två funktioner - det tillåter dem att lättare kontrollera känslor samt skyddar mot sår och smärta; tyvärr gör denna hanteringsmekanism ibland att de verkar kalla eller avlägsna från andra; ändå ger denna strategi en introspektiv och balanserad personlighet.

Typ Fives är sällsynta personlighetstyper. En undersökning med 54 000 korrespondenter visade att endast 10 % av deltagarna i genomsnitt faller inom denna personlighetstyp, och den är vanligare bland män jämfört med kvinnor (14 % för manliga deltagare och 7 % för kvinnliga).

Enneagram Typ 6--Loyal Skeptic Sexor drivs av en stark önskan om tillhörighet och trygghet; detta driver deras beslut och relationer. När de strävar efter säkerhet i varje situation, värdesätter sexor människor som visar lojalitet samtidigt som de är ansvarsfulla; de visar ofta mod samtidigt som de är djupt förbundna med sig själva - ger dem runt omkring dem gåvor av tillit och hängivenhet i utbyte. Ohälsosamma sexor tenderar att oroa sig överdrivet samtidigt som de låter rädsla sänka deras försvar, vilket gör att de framstår som misstänksamma, tvivlande eller oroliga.

Deras inre självprat säger dem att världen kan vara en osäker och grym plats, så att vara förberedd och lojal mot dem du bryr dig om är nyckelingredienser för överlevnad. De strävar efter att inte vara rädda för vad som väntar dem där ute och förblir bevakade och ser alltid själva mot dess grymhet.

Sexor uppvisar vanligtvis ett av två handlingsmönster. Antingen visar de rädsla och undvikande beteende för att undvika känslomässigt överväldigande situationer eller så försöker de konfrontera ångest rakt mot varandra genom att möta den rakt av. De flesta sexor faller någonstans mittemellan dessa ytterligheter; deras beteende kommer att förändras beroende på omständigheterna i deras liv.

Vissa personer som tillhör denna personlighetstyp ägnar sig ofta åt ett risktagande beteende för att bevisa för sig själva och andra att de är modiga och orädda, oavsett om det visar sig som riskfyllda äventyr eller verbala handlingar mot personer med kontrafoba mönster. Sexor är kända för att arbeta flitigt, konsekvent, med engagemang och konsekvens samtidigt som de sätter stort värde på ansvar, lojalitet och dedikerar sig helt och hållet till vilken uppgift som helst. Deras beundransvärda arbetsetik gör dem till värdefulla medarbetare, vilket gör andra bekväma med att lämna över projekt till dem.

Sexor tenderar att undvika problem när det är möjligt. När de ställs inför en obehaglig situation motiverar deras tankemönster dem dock att kritiskt analysera hot och risker för att hålla sig anpassade till sin omgivning och känna igen alla möjliga utmaningar och problem som kan uppstå. Även om de har förmågan att lösa sina egna problem snabbt och effektivt, kan deras svar ibland innehålla "ja, men" vilket gör det svårt att kommunicera mellan alla inblandade parter.

Människor med denna personlighetstyp är medvetna om sin auktoritet i sitt tänkande. Samtidigt som de känner sig skyddade och stöttade av auktoritetspersoner oroar de sig också för att bli svikna eller besvikna av andra. Deras tankeprocess innebär att ställa sig själva interna frågor som fungerar som "interna kommittéer", med många outtryckta känslor som utforskas tillsammans med uppenbara.

Deras känslor kretsar ofta kring ångest när de fokuserar på värsta scenarier i dagliga umgänge, ofta upplever panik eller mild oro; eller mer intensiva former som skräck och rädsla. Deras känslomässiga svar möjliggör snabb åtkomst när som helst; men tyvärr innebär detta att de spelar upp oroliga scenarier i deras sinnen även när det går bra för dem i livet; tenderar att bortse från positiva känslor samtidigt som de uppehåller sig vid negativa istället.

Genom att vara djupt anpassade till sina känslor tenderar många människor att omedvetet projicera sina känslor, förhoppningar, tankar och rädslor på dem som står framför dem. Deras egna tvivel och osäkerhet visar sig ofta i svårt beteende som orsakar problem för andra.

Personer med typ sex-personligheter kan kännas igen på deras förmåga att sömlöst passa in i vilken miljö som helst och strävar alltid efter att stödja dem som står dem närmast.

Enneagram Typ 7--Entusiastisk visionär

Människor som tillhör personlighetstyp Seven är extremt entusiastiska över livet, alltid motiverade att maximera dess njutning samtidigt som de undviker motstridiga situationer. Av naturen tenderar sjuor att vara optimister - alltid leta efter möjligheter som inspirerar dem i livet och dra nytta av dessa möjligheter när de är tillgängliga. De ser livet som ett äventyr som driver deras spontanitet och uppskattning av allt omkring dem; även om andra kanske uppfattar sjuor som lugna när de är i "nuvarande läge", eftersom de finner glädje av spontana aktiviteter; på grund av denna spontana natur kan de verka oengagerade eller till och med ofokuserade på grund av deras önskan om adrenalinkick från att leva!

Deras beteende fokuserar på att hitta sätt att fly från rutin och monotoni i sina liv, så de söker aktivt efter aktiviteter eller människor som tillför spänning och äventyr. De är aldrig rädda för att prova nya saker, ibland överger de oavslutade uppgifter för mer spännande satsningar.

Sjuorna strävar efter att hålla sig aktiva och gå vidare med tillförsikt. Deras energi ligger i att anamma varje utmaning med bravur; den där adrenalinströmmen som kommer från varje spänningsutbrott håller dem igång. Under press kan den här personlighetstypen byta plan eller göra flera uppgifter för att utföra uppgifter framgångsrikt. Deras kroppar kan ofta springa ifrån deras sinnen när de tar sig an nya ansträngningar - det betyder att deras höga energinivåer ofta framstår som ständiga rörelser eller upptaget kroppsspråk - vilket ger andra intrycket av att de är rastlösa men detta är helt enkelt deras sätt att förbli engagerade!

Sjuornas tankemönster drivs av ett aktivt sinne som smidigt övergår mellan idéer och kopplingar utan ansträngning, som engagerar dem att utforska vad som väcker deras intresse och ger omedelbar tillfredsställelse. Därför involverar deras tankemönster snabb mental bearbetning och stimulering i kombination. Sjuor är benägna att ha massor av alternativ och ogillar att känna sig begränsad på något sätt; att ha alternativ ger dem frihet; deras snabba intelligens tillåter dem att få kunskap inom många områden vilket uppmuntrar innovation och kreativitet eftersom de har massor av data till hands att dra ifrån.

De tycker också om att dela sina idéer med andra eftersom det gör att de känner sig inspirerade och engagerade i livet. När ny information kommer in tenderar de att greppa den snabbt samtidigt som de upptäcker ännu mer på vägen.

Sjuor tenderar att uppleva positiva känslomässiga landskap som manifesterar sig genom energiska och positiva personligheter, vilket leder till att andra ser Sevens som optimistiska, glada och entusiastiska individer. När de möter negativa känslor som tristess, sorg, ångest eller rädsla letar de instinktivt efter sätt att vända dessa negativa känslor snabbt för att slippa obehag snabbare.

Sjuornas naturliga tendens till positiva känslor får dem ofta att se negativa upplevelser med optimism genom att inrama dem som inlärningsupplevelser eller möjligheter i deras sinnen. Tyvärr gör denna rationalisering det svårare att ta ansvar för handlingar när det går söderut; men på den positiva sidan behåller det deras syn positiva och hjälper till att upprätthålla ett optimistiskt perspektiv på livet.

Sjuor tenderar att vara mycket skyddande för sitt personliga utrymme och uppskattar inte att bli utmanade om sina förmågor. Om du utmanar en sjua, förbered dig på att möta deras vrede. När de konfronteras med obekväma eller tunga situationer, arbetar Sevens outtröttligt för att lätta upp stämningen med skämt eller göra lättsamma uttalanden för att lätta på spänningar och återställa jämvikten genom att engagera sig i skrattframkallande anekdoter.

Truity-studien upptäckte att Enneagram Type Sevens utgjorde 9 procent av de tillfrågade av 54 000 deltagare.[8]

Enneagram Type 8-Active Challenger Type Eights drivs av sitt behov av att verka starka och undvika att visa sårbarhet så mycket som möjligt, vilket leder till att de är direkta och slagkraftiga när de hanterar situationer de befinner sig i. De tar snabbt kontroll över situationer genom att kontrollera det med direkthet. Åttor trivs när de utmanas och är rättvisa i sina handlingar och använder sin rättfärdiga känsla för rättvisa för att skydda andra. När de är som bäst verkar Eights vara djupt omtänksamma men ändå starka men ändå lättillgängliga. När Eights agerar i linje med verkligheten skänker de oss alla med oskuld. Men när de är som värst kan åttor verka aggressiva, dominerande och lustfyllda som en del av deras strategi att framstå som större än livet i en ofta grym värld. Genom att kontrollera situationer tror de att de lättare kan navigera runt orättvisor.

Åtta bor i hjärtat av Enneagram. De är i dess kärna och vidtar åtgärder baserade på instinkt snarare än att inte göra någonting alls, ofta manifesterad genom intensivt och direkt tal, ordval, kroppsspråk och beslutsstil. Åttor älskar att ta kontroll och få saker att hända på sina egna villkor; deras oberoende ger dem möjlighet att driva projekt som de finner tillfredsställande.

Att samarbeta med andra faller inte naturligt för Eights; de gör det av skyldighet. Åttor är stolta över att behålla kontrollen, ofta mikrohantera händelser själva och slutar ofta med att mikrohantera andra när det behövs. Deras snabba handlingar tjänar dem väl när andra blir överväldigade och blir ostyriga - de kliver snabbt in, tar ansvar och löser saker effektivt utan att tveka eller dröja.

Mikrohantering kanske inte är deras favoritaktivitet, men det håller dem i kontroll över situationen och genererar resultat - så de gör vad som helst som behöver göras för att nå detta mål.

Åttor tolererar inte inkompetens och svaghet hos dem de tar ansvar för, men de är starkt beskyddande av dem som står under deras förvaltning. När någon de bryr sig om blir orättvist behandlad, kommer Eights att kämpa outtröttligt för att upprätthålla rättvisa och rätta till eventuella orättvisor som begåtts mot dem.

Åttor tenderar att kategorisera människor som svaga eller starka och agera därefter, ofta ägna mer uppmärksamhet åt vissa individer baserat på denna "allt eller inget" bedömningsmetod. Åttor tenderar att föredra ärlighet framför tvetydighet när de hanterar konfliktsituationer, och föredrar sanning framför att förbli utanför kretsen eftersom detta gör att de känner sig maktlösa över situationen; Att utrusta sig med så mycket information om uppdateringar, framsteg eller händelser hjälper Eights att fokusera på helheten mer effektivt.

Att hålla sig fokuserad på sina egna motiv mer än andras är nyckeln för dessa människor; de uppskattar inte att tvingas göra saker de inte tycker om eller tycker är tråkiga, eftersom det slösar deras energi ineffektivt.

Åttor har komplexa känslomönster. De tenderar att bli arga snabbt och reagera därefter, men efter att ha ventilerat sin vrede snabbt går de snabbt vidare från den. Eftersom åttor försöker undvika att känna sig sårbara tenderar de att inte uttrycka känslor av sorg eller svaghet öppet - istället föredrar de istället att känna igen dessa känslor bara när de är säkra - att visa kärlek genom makt och skydd som en del av sin identitet.

Truity-studien med 54 000 deltagare visade att 15 % av människorna faller inom Enneagram typ åtta; dessa människor var övervägande män.

Enneagram typ 9--Adaptiv fredsstiftare
Nior tenderar att fungera som medlare, drivna av en önskan att skapa harmoni i sin omgivning. Som sådana strävar de efter att vara accepterande och tillmötesgående av dem

runt omkring dem samtidigt som de prioriterar fredsskapande i allt de gör - detta gör det möjligt för dem att undvika konflikter när det är möjligt.

Största delen av världen uppfattar Nines som livfulla, erfarna och självmedvetna individer som strävar efter att utföra handlingar som gynnar dem omkring dem. I värsta fall kan dock nior framstå som envisa, lata eller självförnekande; detta händer eftersom de går tillsammans med alla för att upprätthålla fred men sedan värderar andras behov framför sina egna behov och skapar känslor av obehag för sig själva och de de interagerar med. Ändå lockar deras självbelåtna natur andra till dem samtidigt som de får människor att känna sig bekväma när de är i deras närvaro.

Nior tenderar att vidta åtgärder baserat på deras önskan att undvika andras kontroll genom att antingen manipulera sin omgivning eller passivt göra motstånd när något inte känns bekvämt. Deras handlingar eller brist på sådana kommer sannolikt att drivas av att upprätthålla fred och harmoni eftersom de inte kan tolerera konflikter.

Tröst kan hittas genom välbekanta rutiner och rytmer som de tycker är spännande, medan denna personlighetstyp tycker om att skapa meningsfulla förbindelser som resulterar i sammansmältning av energier från människor nära dem, ofta manifesterar sig genom att anamma de närvarandes vanor eller intressen i deras intima utrymmen .

Nines tankemönster lämpar sig väl för strukturerade processer; därför prioriterar de detaljer och tydlighet när de tar sig an uppgifter eller skapar vanor eller rutiner snabbt. När de presenteras med stora mängder information kommer Nines snabbt att organisera den i sina sinnen i en ordnad struktur för att förstå allt.

Nior tenderar att vara viljestarka och ihärdiga, men de tenderar ändå att hålla sina åsikter för sig själva, för att undvika att verka överlägsna för andra. Tyvärr gör detta dem missnöjda med vissa aspekter av deras relationer eller liv.

Deras attityd kan verka avslappnad och rättvis, men de upplever intensiva känslor med stor intensitet, vilket kräver ansträngningar från deras sida för att kontrollera dem och framstå som fridfulla, fridfulla och lättillgängliga. Deras intensiva känslor motiverar dem att upprätthålla harmoni bland människor eftersom de förstår hur känslor påverkar beteendet.

Även om de utmärker sig som fredliga medlare i konfliktsituationer, tenderar nior att undvika att engagera sig i negativa känslor som ilska direkt; sådana kopplingar tenderar att tömma dem på energi och de erkänner inte ofta dessa känslor heller. Därför försöker de att inte uppleva dem för intensivt. Dessutom är de flesta nior empater som kan känna känslor från dem som står dem nära, som ofta plockar upp energi som delas mellan människor om deras omgivning är positiv och entusiastisk; omvänt när de står inför ledsna eller oroliga individer kan deras humör också minska dramatiskt.

Elever i nionde klass utgör 13 % av de svarande i Truity-studien; de flesta är kvinnor.

De nio personlighetstyperna som representeras på Enneagram-hjulet kan delas in i hjärt-, huvud- och kroppstyper. Hjärttyper består av typerna två till fyra som förlitar sig på emotionell intelligens för att navigera genom livet och för att få kontakt med människor runt omkring dem; Huvudtyper inkluderar typer fem till sju som förlitar sig på intellektuell bearbetning av situationer; medan kroppstyper ett till nio använder instinkter och magkänsla när de reagerar i situationer.

Forskare genom historien har utforskat olika metoder för att förstå mänsklig personlighet. Ett sådant test, känt som The Big Five Personality Test (OCEAN), använder Big Five Factor Markers härledda från Goldbergs International Personality Item Pool som introducerades 1992 som en faktoranalysmetod för att utforska statistiska svar från grupper genom att svara på denna fråga: Vad är ett idealiskt sätt att sammanfatta någons personlighet?"[9]

Även om personlighetsvariabler inte kan kvantifieras, kategoriserar svaren individer i fem breda grupper enligt deras dominerande egenskaper: (O-Öppenhet C-Samvetsgrannhet D-Extroversion E- Extroversion A- Agreeableness

N - Neuroticism Genom att förstå dessa personlighetstyper kan du bättre förstå människor genom att förstå deras behov, bygga meningsfulla kontakter genom gemensamma intressen och skräddarsy ditt beteende därefter.

En intressant faktor här är att dessa personligheter kan vara produkten av både natur och fostran. Föräldrar kan förmedla dem, eller så kan individer utveckla dem utifrån hur de uppfostrades.

Låt oss gräva djupare in i dessa personlighetsdrag och bedöma om naturen eller vården har det större inflytandet.

Öppenhet Detta personlighetsdrag är känt för att välkomna nya kunskaper och erfarenheter. Människor som betygsätts högre på den här skalan tenderar att vara insiktsfulla och fantasifulla med många intressen som varierar kraftigt; innovation och nyfikenhet är också framträdande inom dem; å andra sidan kan de som rankas lägre vara mer försiktiga, konsekventa och kämpa med abstrakta tankeprocesser. Om du vill mäta någons nivå av öppenhet på en skala som den här, försök att ställa dessa frågor: Älskar du äventyr?

Får din fantasi flöda? Har du varit den som startat nya aktiviteter tidigare?

Är du redo för nya utmaningar?

Att svara "ja" på alla dessa frågor tyder på en hög öppenhetsnivå. Människor med så höga nivåer av öppenhet njuter av att bli utmanade i livet och letar efter kreativa utvägar för att uttrycka sig kreativt. 57% av individerna har ärftligt denna egenskap av öppenhet.

Samvetsgrannhet

Allmänna egenskaper hos detta personlighetsdrag inkluderar målinriktat beteende, omtänksamhet och god impulskontroll. Samvetsgranna människor tenderar att vara bra planerare och tänka framåt när de fattar livsbeslut; dessutom är de mycket medvetna om hur deras handlingar påverkar andra samt deadlines som kan behöva uppfyllas.

Människor som rankas högt på samvetsgrannhetsskalan tenderar att vara uppmärksamma, organiserade och effektiva i sitt förhållningssatt till uppgifter och detaljer. Människor som rankas lägre är vanligtvis avslappnade och avslappnade. Här är några frågor som hjälper dig att bedöma var en person står när det gäller samvetsgrannhet:

Är du stolt över att vara självdisciplinerad?

Är du organiserad och förberedd på vad som än kan uppstå? Eller skulle du föredra att vara spontan istället? Tycker du om att hålla ett schema, prioritera uppgifter snabbt och uppmärksamma detaljerna omedelbart?

Att svara "ja" på dessa frågor indikerar en hög nivå av samvetsgrannhet hos en individ, vilket framgår av organisation och ordning i livet och relationer. Samvetsgrannhet har 49% ärftligt inflytande.

Extroverta egenskaper kan identifieras genom egenskaper som sällskaplighet, självsäkerhet, spänning, emotionell uttrycksförmåga och pratsamma. Människor som uppvisar detta personlighetsdrag tenderar att vara utåtriktade och trivs när de deltar i sociala sammankomster.

Människor som får höga poäng på den extroverta skalan trivs genom att vara i centrum för uppmärksamheten och njuta av att vara runt människor. Däremot finner personer som får låga poäng (introverta) sociala interaktioner utmattande och njuter av ensamhet mer än andras sällskap.

För att förstå extroversion hos någon, ställ följande frågor: 8.5 Har du svårt att vara i fokus för uppmärksamhet vid sammankomster eller initiera samtal i sociala miljöer? Tycker du om att träffa nya människor och har du en stor krets av bekanta eller vänner?

Brukar du uttrycka saker innan du tänker på dem?

Om de håller med om dessa frågor får de höga poäng på extroversionskalan. Om du befinner dig i närheten av människor som har lägre poäng på den här skalan, försök att inte tvinga dem att bli extroverta genom att uppmuntra till överdrivet prat eller trycka in dem i sociala sammankomster; de med introverta personlighetsdrag tenderar att hålla sig närmare de och platser som ger känslomässig näring och tröst.

Extroverta egenskaper har 54% ärftligt inflytande.

Behaglighet

Denna personlighetsdimension omfattar attribut som vänlighet, tillit, tillgivenhet, altruism och andra prosociala egenskaper. Individer med hög angenämhet tenderar att vara medkännande, vänliga och samarbetsvilliga medan de som är låga i denna egenskap kan bli lösryckta, analytiska eller tävlingsinriktade, ibland till och med nå in i manipulativt beteende.

Fråga individer för att ta reda på var de står på behaglighetsskalan: Litar de lätt och lätt på andra chanser till andra, är de empatiska, gillar de att göra andra bekväma, etc.

Brinner du för att ge hjälp till behövande?

Ett jakande svar på dessa frågor indikerar en hög placering på angenämhetsskalan. Individer som får låga poäng på denna skala upplever ofta inte empati naturligt och måste göra medvetna ansträngningar och beteendeförändringar för att sätta sig i andra människors skor och reagera därefter; 42% av ärftliga faktorer spelar en roll i behaglighetsegenskaper.

Neuroticism Till denna personlighetsdimension tillskrivs egenskaper som lynnighet, känslomässig instabilitet och sorg. Neuroticism hänvisar till hur någon hanterar sina känslor; personer som får höga poäng på denna skala tenderar att vara känsliga, lättirriterade och mottagliga för humörsvängningar; å andra sidan tenderar de som får lägre poäng att vara känslomässigt säkra, säkra och motståndskraftiga.

Genom att ställa dessa frågor är det möjligt att bedöma var någon står på neuroticism-skalan: (Oroväckande? Lätt att stressa ut? Återkommande humörförändringar)

Tycker du att det är svårt att hantera stressiga situationer?

Att svara jakande på dessa frågor indikerar hög neuroticism hos en person. Att känna till deras triggers och lugnare kommer att vara fördelaktigt för att hålla humöret under kontroll.

Neuroticism har en 48% ärftlig komponent.

Att förstå dessa egenskaper och hur de påverkar människor är nyckeln till bättre kommunikation och bestämma hur man bäst interagerar med någon framför dig.

Dr David Keirseys temperamentteori

En pedagogisk skapare och psykolog, Dr. David Keirsey introducerade Keirsey Temperament Sorter som kategoriserar individer i fyra temperamentsgrupper baserat på aktivitetsmönster, kommunikationsvanor, karaktärs attityder, talanger och värderingar - med hänsyn till varje persons påverkan på arbetsplatsen i förhållande till personliga behov
.

Dr David Kersey säger att människans personlighet kan delas in i fyra breda grupper utifrån temperament. Varje temperament innehåller sin egen uppsättning styrkor, svagheter och egenskaper som kännetecknar dess egenskaper. Dessa fyra temperament inkluderar:

Hantverkare Dessa människor kan lätt särskiljas från andra genom sin expertis inom kreativa områden som konst, litteratur och poesi. Deras handlingar tjänar som ett uttryck för deras konstnärskap medan deras känsla för äventyr driver dem mot att ta risker eller vara spontana ibland.

Vårdnadshavare intar en viktig ställning i samhället genom att samarbeta med omgivningen och följa regler som förespråkas av traditionella kulturer. Deras engagemang är det som hjälper till att hålla ordningen intakt - de utgör 40 till 45 % av befolkningen.

Idealister Människor som fokuserar på självtillväxt och förbättring tillhör sannolikt den idealistiska temperamentgruppen, med starka känslor av lojalitet mot andra, motiverade att vidta åtgärder som hjälper andra och aktivt vidta åtgärder som gynnar samhället som helhet. Mellan 15-20% av befolkningen tillhör denna temperamentskategori.

Rationaler, kända för sina pragmatiska och logiska tankestilar, är bland de sällsynta personlighetstyperna och kända för sin problemlösningsexpertis. När något väl fångar deras fantasi kan de dock bli så nedsänkta att de blir verklighetslösgörande att andra uppfattar dem som konstiga eller avlägsna.

Endast 5-10% av befolkningen tillhör gruppen Rationals temperament. Karriärrådgivare använder ofta Keirsey Temperament Sorter eftersom det hjälper människor att förstå sig själva bättre och leda dem in på rätt karriärväg.

Alla dessa teorier syftar till att förstå människans natur, vad som motiverar individer och deras svar på vissa situationer. Med kunskap som samlats av forskare under decennier kan vi bättre läsa människor och skapa kopplingar mellan oss alla.

Som de flesta tror är lyssnande inte detsamma som hörsel. Människor går vanligtvis in i konversationer antingen i hopp om att bli hörda eller i hopp om att inte bli hörda helt och hållet - det senare fallet leder ofta till att vi är mindre uppmärksamma på vad den andra personen säger än vad vi tänkt oss, och båda parter upplever att vårt ointresse upplevs av båda sidor.

Att lyssna uppmärksamt kan vara en spelomvandlare i konversationer och din förmåga att förstå människor. Att bara uppmärksamma vad folk faktiskt säger kan förändra allt: inget behov av att gissa hur någon tänker; lyssna bara noga när någon pratar om du vill ha en titt inuti någons huvud; var istället mer uppmärksam när någon pratar; många gömmer inte sina tankar och åsikter bakom murar av stål, utan föredrar istället att vara öppna med vilka de är och är orädda för att släppa in dig om du bara lyssnar tillräckligt noga!

Du kommer inte att känna behov av att läsa någons tankar om du korrekt kan tolka deras avsikter när du talar.

Carl Rogers och Richard Farson populariserade termen "aktivt lyssnande" först 1957, och dess definition blev allmänt erkänd med tiden. Aktivt och passivt lyssnande är två former av lyssnande. För bästa lyssningsresultat bör man prioritera aktivt lyssnande. För att verkligen fokusera på någon måste man prioritera aktivt lyssnande framför passivt.

Aktivt lyssnande kräver mental närvaro, tålamod och förmågan att höra utan att känna att man måste tala som svar. Fokusera på att förstå vad den andra personen kommunicerar samtidigt som du motstår alla drifter att avbryta. Varje gång du känner att du har något bättre att lägga till, bestäm dig för att vänta. Varje gång vi pratar missar vi en möjlighet till tillväxt. Genom att ge någon ett säkert utrymme att uttrycka sig kan du få värdefull insikt. Låt någon annan hålla din hand när de leder dig på en intim rundtur genom deras sinne!

Inget behov av att gissa och läsa mellan raderna! Låt bara den andra personen prata utan avbrott eller bedömningar - på så sätt kommer du att upptäcka mer om dem än med någon annan strategi!

Folk älskar att prata om sig själva! Dra fördel av denna naturliga tendens genom att visa genuint intresse och ställa undersökande frågor för att avslöja all information om sig själva som de kan avslöja.

Använd kroppsspråk för stöd

Att prata med någon vars blick är fäst vid ingenting bakom din axel är varken trevligt eller uppmuntrande, så se till att ditt kroppsspråk återspeglar ditt intresse när du kommunicerar. Vänd dig mot dem, le ofta och nicka ofta samtidigt som du behåller ögonkontakten - se inte uttråkad eller ointresserad ut eftersom detta snabbt kommer att bli uppenbart och vara respektlöst mot dem när du lär dig mer om deras identitet.

Minska distraktioner
Det är viktigt att ditt sinne förblir fritt från distraktion. Medan någon annan talar, motstå lusten att göra mentala listor eller svara på e-postmeddelanden under den konversationen; vara närvarande. Allt som orsakar distraktion bör tas bort: flytta din telefon bort från direkt sikt så att den inte lockar dig att ta upp den eller kolla aviseringar varje gång den ringer!

Nicka uppmuntrat och svara på deras berättelser
Var noga med att nicka uppmuntrande, luta dig framåt och svara på lämpligt sätt när du hör historier för att förmedla att du är djupt investerad samtidigt som du inte överdriver det för att se kraftfull ut. Det finns olika sätt att visa att du lyssnar; här är några:
* Svara med din kropp. Att till exempel öppna ögonen bredare eller dra ihop nävarna kan fungera som en ledtråd om att något är fel - vare sig det är chock, överraskning, besvikelse eller spänning.
* Återge deras uttalande. Till exempel, om de säger till dig att de föredrar morötter framför andra grönsaker i allmänhet, svarar du med något i stil med: "Du menar att du föredrar morötter av alla grönsaker på jorden?" För att visa att du var uppmärksam, upprepa vad de sa högt så att den andra personen vet att du hörde och förstod deras poäng. Detta visar ditt intresse och visar dem att du bryr dig.
* Be dem att upprepa sig. Även om detta kan verka oförskämt, visar det din respekt för varje ord de delar och säkerställer att du inte missar något viktigt.

Att bara lyssna kan hjälpa dig att få mycket mer kunskap om människor än något annat tillvägagångssätt skulle kunna. När vi lyssnar när någon pratar och ställer relevanta frågor kan vi lära oss så mycket mer än annars! Visa genuint intresse för andra och de kommer att öppna sina hjärnspel för dig att utforska!

Har du någonsin gått på en dejt och blivit lämnad att fundera över vad den andra personen tänkte eller kände? Helst skulle det finnas tecken för att informera oss om hur mötet fortskrider. Tja... det finns! Kroppsspråk är ett omedvetet sätt att förmedla hur någon mår; att tolka dess signaler korrekt. Ibland kommer dessa undermedvetna signaler fram omedvetet. UCLA-forskning[12] illustrerar denna punkt; endast 7% av kommunikationen sker genom vad vi säger (dvs. ord), 38% via ton och 55% genom att använda kroppsspråk - att lära sig tolka detta 55% kan ge ett försprång när man förstår människor.

Så nästa gång du går på en dejt eller deltar i någon social sammankomst, håll utkik efter dessa subtila signaler:

* Leende ögon: De säger att ögon är fönstret till våra själar; det är säkert sant! När människor är glada kan deras leende ofta undkomma att gömma sig trots försök att dölja det, tills deras hud så småningom kryper runt ögonen och skapar kråkfötter – avslöjar dess närvaro! Ibland ler människor bara av artighet eller för att dölja sanna känslor - så om du vill veta om någon ler på riktigt, var bara uppmärksam på deras ögon!

*Korsade ben och armar: Att korsa sina ben och armar bildar en fysisk barriär mot dem som står framför dem och indikerar motstånd, även när deras ord eller leende indikerar något annat. Psykologisk tolkning tyder på att detta kroppsspråk indikerar att någon känslomässigt, psykologiskt eller fysiskt avlägsnas från allt som ligger framför dem.

* Höjda ögonbryn: När någon höjer på ögonbrynen kan det tyda på oro, rädsla eller överraskning. Det är svårt att göra i tillfälliga samtal; prova att höja dem medan du njuter av kaffe med dina vänner och du kommer att märka skillnaden direkt.

* Spegling av kroppsspråk: Har du någonsin stött på någon som speglar ditt kroppsspråk genom att luta huvudet på samma sätt eller korsa upp benen i exakt samma ögonblick som du gör? Detta visar att de är intresserade av vad du säger och omedvetet kopierar dig omedvetet av respekt; skulle detta hända på en dejt kan detta vara ovärderligt!

* Klämda käke: När man deltar i konflikter eller tvistsituationer är en egenskap som snabbt blir uppenbar någons sammanbitna käke, rynkade panna eller åtstramade nacke - eftersom obehag utlöser fysisk spänning i kroppen som visar sig i stresssignaler som orsakar denna reaktion.

* Överdriven nickning: Om någon svarar genom att nicka upprepade gånger som svar på det du säger, indikerar detta inte att de är överens med det som sägs - snarare visar det på oro för deras räkning och deras önskan att behaga dig genom att nicka därefter.

Även om du inte kan läsa någons tankar direkt, kan du fortfarande observera deras kroppsspråk och tolka deras sanna känslor. Att lära sig människors psykologi är en livslång läranderesa som bara blir bättre med erfarenhet. Att låsa upp motiv bakom deras handlingar och koppla dem med personlighetsdrag ger djupare insikter om hur våra sinnen fungerar och hur du kan reda ut det.

Har du någonsin funderat på hur dina bidrag påverkar en konversation? Att förstå människor kräver att man inte bara tittar på vad andra gör utan också observerar handlingarna själva. Kommunikation är tvåvägs; för att trampa ordentligt måste du göra din del genom att förstå och anpassa dig till vad den andra parten kommunicerar till dig.

Ingen kan exakt läsa människor om du är fylld av fördomar och övertygelser som hindrar dig från att se hela bilden. Innan du börjar observera andra är det nödvändigt att få en djupgående kunskap om dig själv - hur du agerar, tänker och uppfattar människor.

Det här avsnittet utforskar dina interna övertygelser för att fastställa om några fördomar, fördomar eller begränsad förståelse för den mänskliga naturen hindrar kommunikation eller uppfattningar om andra.

Kommer du ihåg när Donald Trump twittrade "Jag är ett mycket stabilt geni"? Hans svar fick kritik från komiker och journalister för att de saknade självmedvetenhet, men de flesta misslyckas på detta område, vilket ofta leder till svårigheter att förstå andra. Även om det kan låta förvirrande till en början, "varje person är din spegel", så för att helt förstå en annan individ måste du först förstå dig själv! Detta är något de flesta människor inte är medvetna om!

Detta leder oss till vår nästa fråga (dvs hur man känner sig själv). Tja, det är en omfattande process som innebär att vara brutalt ärlig mot dig själv - ibland kan det här låta enkelt eller lätt, men ibland blir den här utmaningen den största av hela ditt liv! Till exempel, ibland kan vår ilska eller känslomässiga utbrott verka berättigade eftersom andra människor utlöste dem; ändå är det vårt ansvar som individer att kontrollera våra reaktioner istället för att skylla på dem.

Blinda fläckar definieras som egenskaper som är synliga för andra men osynliga för oss själva. En psykolog vid namn Simine Vazire genomförde ett experiment för att testa denna teori.[13] Han bad deltagarna att bedöma sig själva och fyra vänner på olika egenskaper som intelligens, emotionell stabilitet, självsäkerhet och kreativitet för att se vem som mer exakt kunde förutsäga vem som förutspådde varje persons personlighet och egenskaper bättre: antingen sig själva eller deras vänner. Målet var att ta reda på vilken som förutspådde personlighet mer exakt.

Resultaten visade att människor var mer medvetna om sin egen känslomässiga stabilitet jämfört med sina vänners, till exempel när de pratar offentligt eller hur stressade de framstår när de talar i gruppdiskussioner. Vänner hade bättre insikt om huruvida en självsäker kandidat deltog eller förutspådde sin prestation på kreativitet eller IQ-tester.

Din förmåga att förstå din känslomässiga bandbredd visar sig i dess större synlighet för andra än annars.

Egenskaper som är mer synliga för andra än för dig själv kan förbli mystiska för dig. Att sjunga på en karaokebar kräver att du övertygar både dig själv och de som lyssnar om att din talang finns, men dessa lyssnare kan bäst bedöma din sångstil och röstomfång.

Människor tenderar att överskatta sin intelligens, och detta mönster observeras oftare bland män än bland kvinnor. Människor tenderar också att överskatta hur generösa de faktiskt är eftersom generositet ses som en beundransvärd egenskap. Folk tror också felaktigt att de inte är partiska eller dömande eftersom vem skulle erkänna sådana anspråk mot sig själva?

Hur kan du rensa denna suddiga syn på dig själv och se dig själv tydligt i spegeln? Närhelst en aspekt av dig själv är svår för dig att acceptera, be dina närmaste om stöd för att hålla upp en spegel för dig. Vänner, föräldrar eller romantiska partners tenderar att ha mer insikt om vem du verkligen är än någon annan; men deras intryck kan också bli grumligt på grund av kärlek eller fördomar som de har mot dig.

Dina VITALS utgör din personlighet; förstå dem. Dessa inkluderar:

Värderingar (V), Intressen (I), Temperament (T), Aktiviteter och mål dygnet runt (ATC), Livsuppdrag och mål (LMG), är viktiga för ett framgångsrikt liv.
S - Färdigheter/Styrkor
Att känna igen dina värderingar – som att hjälpa andra, vara ärlig, vara snäll – utgör grunden för att fatta viktiga livsbeslut och sätta upp mål. Att känna till dina värderingar håller dig igång när tiderna blir tuffa och håller motivationen hög! Att skriva ner dessa i en dagbok eller dagbok har visat sig motivera åtgärder mot självmedvetenhet! Att känna till dina värderingar!

* När du fattar beslut, litar du på känslor eller fakta? * Hur laddar du dina energidepåer - extrovert eller introvert? * Planerar du allt noggrant eller följer du strömmen? * Är detaljer viktigare för dig eller större idéer?

Genom att förstå dina svar på sådana frågor kan du intuitivt placera dig själv i situationer som främjar tillväxt samtidigt som du undviker de som begränsar den. När din personlighet överensstämmer med den omgivande miljön, används energi till produktiva projekt snarare än att slösas bort och du känner dig mindre utmattad än tidigare.
Biorytmer eller aktiviteter dygnet runt: Här bör fokus ligga på dina biorytmer eller dygnet runt-aktiviteter, till exempel när upplever du dina maximala energinivåer: morgon eller mitt på dagen? Genom att harmonisera med din biologi kan du schemalägga aktiviteter när de ger störst avkastning; ofta har dessa egenskaper funnits sedan födseln - det är bara en fråga om att känna igen dem och agera efter dem.
Att kombinera biologiska frekvenser med aktiviteter ger givande upplevelser, vilket gör livet mycket enklare när du inte låtsas vara någon du inte är!
Livet blir lyckligare och mer meningsfullt nar vi förstår vårt livs uppdrag och mål. Om du är osäker på hur du ska gå tillväga, tänk tillbaka på händelser som var särskilt betydelsefulla i ditt liv, undersök deras orsaker: var det människor du träffade där eller bara känslan du upplevde? Den här övningen kan avslöja dolda aspekter av din personlighet samt avslöja vad som driver dina karriärbeslut eller andra aspekter.
När du väl vet vart du vill ta vägen i livet är det lättare att bedöma om du har de verktyg eller styrkor som krävs för att nå dina livsmål. Dessa kan inkludera talanger, förmågor eller färdigheter såväl som karaktärsstyrkor som emotionell intelligens, motståndskraft och lojalitet – och så vidare.
Att erkänna sina styrkor och förmågor bygger självförtroende; att förbli omedveten om dem resulterar i lägre självkänsla.
För att bättre förstå dina styrkor, håll ett öra ute efter komplimanger men förbli blygsam när du accepterar dem! Om någon till exempel säger till dig att de älskar din lugnande röst, ta detta som en möjlighet att finslipa denna talang och sjunga oftare! Var

dessutom uppmärksam på eventuella svagheter så att de inte blir skadliga för ditt självförtroende och kräver åtgärdande.

När du blir mer självmedveten och förstår dig själv (d.v.s. dina personlighetsdrag, styrkor, svagheter och triggers), kommer du att känna dig bemyndigad att veta att du kan använda den kunskapen inte bara för självtillväxt utan också för att få större insikt i omgivningen du. Genom att känna dig själv bättre kommer du att veta var gränser måste dras samt vilka triggers som bör undvikas för att inte störa den mentala friden - alla nödvändiga färdigheter för att ge 100 procent utan att själv känna dig utmattad!

Kunskap är makt; självkännedom kan ge fred.

Förstå dina fördomar, fördomar och begränsningar

Chansen är stor att du har hört historier om partiskhet där någon passerades för anställning eller utsattes för brottsbekämpning på grund av ras, kön eller nationalitet. Vår naturliga uppfattning om sådana människor är att de är dåliga människor för att vara partiska mot vissa grupper; men de flesta inser inte att forskare inom hjärn- och psykologiska vetenskaper hävdar att fördomar och fördomar tenderar att vara undermedvetna processer som fortfarande påverkar interaktioner med andra och bidrar till sociala orättvisor i samhället.

Detta beteende blir mer uppenbart när du interagerar med människor utanför din omedelbara umgängeskrets genom att visa fördomar (emotionella fördomar), diskriminering (beteendefördomar) och stereotyper (kognitiva fördomar). Sådana fördomar kan vara omedvetna (d.v.s. automatiska och ambivalenta); de kan också ha fostrats av samhället i stort; uppfostran har ett enormt inflytande. Du kan utveckla medvetenhet om ditt omedvetna tänkande samt identifiera hur det påverkar dig från dag till dag.

Hur bildas fördomar och fördomar, och vad kan man göra åt dem?? När man överväger dessa frågor bör man först fokusera på var fördomar och fördomar kommer ifrån, sedan på sätt att mildra deras effekter. Våra sinnen tenderar att kategorisera och separera information i separata avsnitt vilket leder till detta beteende. När du bildar föreningar i sociala omständigheter genom att lagra, bearbeta och tillämpa kunskap om andra som kallas social kognition; implicita fördomar uppstår när vår hjärna söker efter mönster för att upprätta kopplingar - något som leder oss rakt tillbaka till implicita fördomar!

Implicita fördomar är resultatet av vår hjärnas tendens att ta genvägar i ett försök att förenkla livet. Eftersom informationsöverbelastning kan göra bearbetningen av data krånglig och tidskrävande, tillåter mentala genvägar oss att snabbare sålla igenom allt och hitta vilken information som gäller.

Även om det är en utmaning att förändra andra människors fördomar och fördomar, genom att identifiera dina personliga preferenser kan du hjälpa till att minska dem och hjälpa andra att förstå hur deras fördomar påverkar deras omdöme och handlingar gentemot andra.

Låt oss börja vid grunden. Först och främst, inse att varje person är en individ med individuella egenskaper, styrkor och svagheter som inte kan kategoriseras. Lägg därför tid på att lära känna människor på en intim nivå och undvik att kategorisera eller stereotypa människor utifrån stereotyper eller fördomar. Om din reaktion mot någon uppstår på grund av en, ändra ditt beteende omedelbart för att ta bort sådana fördomsfulla övertygelser; även om ibland svar kan komma snabbt; ta lite tid efter att ha agerat för att reflektera och överväga andra alternativ innan du agerar på vissa sätt igen.

Att byta perspektiv är också nyckeln till att förändra sin mentalitet. Genom att se saker ur andras perspektiv, sätter det dig själv i deras skor och hjälper dig att förstå var de kommer ifrån, hur de tänker och deras erfarenheter. Att göra detta kan också ingjuta empati inom dig - när den här känslan väl uppstår kommer du naturligtvis att tänka två gånger innan du dömer dem.

Att engagera sig i nya kulturer, etniciteter och raser är också fördelaktigt för att vidga ditt perspektiv. Genom att ge mer tid och uppmärksamhet åt människor från dessa grupper kommer du att känna en omedelbar känsla av tillhörighet som förhindrar att någon partiskhet utvecklas mot dem.

Förutom yoga och meditation gör mindfulnessövningar som fokuserad andning eller fokuserad yogameditation också individer att bli självmedvetna och ta kontroll över sina tankar och handlingar.

Personliga fördomar, fördomar och begränsningar kan vara besvärliga eftersom de hindrar dig från att se människor bortom en viss ruta – vilket i sin tur leder till en felaktig förståelse av dem. Men på den positiva sidan, att ha ett öppet sinne och att vara medveten om dessa restriktioner kommer att tillåta dig att arbeta för att eliminera eller åtminstone minska dem - inte bara kommer detta att förbättra din läsning av människor utan det kommer att bredda ditt sinne ytterligare och uppmuntra personlig utveckling.

Har du någonsin hamnat i ett återvändsgränd, osäker på vilken riktning du ska ta? Efter att ha gjort uttömmande listor över för- och nackdelar för olika alternativ som är tillgängliga för dig, gör du ingen framsteg när det gäller att fatta ett beslut? Varje alternativ utgör olika hinder, vilket gör att du är osäker på hur du bäst ska gå vidare.

Under dessa omständigheter är det viktigt att göra en ärlig inventering av dig själv och identifiera dina sanna önskningar. Men om denna process inte faller dig naturligt och pressen får dig att agera impulsivt eller följa ett beteende som tilltalar människor istället, kan resultaten bli förödande!

Intuition kan vara din vän i tider av problem. Vissa kallar det intuition; andra hänvisar till det som deras magkänsla eller inre röst eller aning; oavsett vilket namn det går under, kommer intuitionen att vägleda dig längs svåra livsvägar genom att tala om för dig när beslutet ligger i linje med ditt hjärta.

Men många tycker att det är svårt att känna igen sin intuition. Det beror på att våra inre hinder ofta kommer i vägen, såsom övertänkande, godkännande-sökande, bör-ha implicita fördomar och tidigare trauman som hindrar oss från att ta tag i det. Att övervinna dessa hinder kräver självmedvetenhet och förmåga att identifiera vad som driver dina beslut; när detta uppnås uppstår ett starkt intuitivt tänkande som leder till beslut som gynnar oss själva som individer och är noga med att välja beslut som tjänar oss väl.

Välkända personer som Henry Ford är utmärkta exempel på dem som förlitar sig på intuition. En sådan person var 1914 när Henry Ford mötte av minskande efterfrågan och hög omsättning på sitt företag. Istället för att följa konventionella råd och öka de anställdas löner med 50 % gjorde han ett djärvt drag och fördubblade dem istället, vilket ledde till minskade omsättningshastigheter och att fler arbetare hade råd med bilar till sig själva och så småningom ökade efterfrågan igen.

Albert Einstein var en annan framstående vetenskapsman som struntade i traditionella teorier om fysik på grund av sin intuition. Han erkände att han trodde på inspirationer och intuitioner och kände sig säker på att han hade rätt trots att han inte visste säkert. När forskare finansierade av Royal Academy genomförde experiment som testade Einsteins relativitetsteori var han säker på deras framgång - ingen överraskning då när en förmörkelse den 29 maj 1919 bevisade hans teori!

Paul McCartney förlitade sig mycket på intuition när han skapade "Yesterday". Enligt honom drömde han om att skriva något som skulle bli omåttligt populärt men var livrädd för att innehållet skulle kunna skilja sig från förväntat. Ändå litade han på sig själv och litade på intuition som i slutändan ledde honom mot framgång och vad han ansåg "den mest magiska upplevelsen".

Så vad är egentligen intuition? En nyckelpoäng om intuition som bör komma ihåg är att den saknar logik; istället förlitar den sig på känslomässiga instinkter, upplevelser eller andra faktorer för att fatta beslut. Vidare kan intuition delas in i tre olika kategorier.

* Insikt och koherens: Detta område relaterar till intelligens (IQ) och innebär att förverkliga något utan att förstå dess källa.

Subjektiv intuition hänvisar till att ha illusionen av att veta något, ofta använt av intellektuellt nyfikna och pussellösande typer. * Implicit lärande hänvisar till att veta något genom att plocka upp kognitiva mönster.

Intuition bygger på att matcha mönster från tidigare erfarenheter med dem från nuvarande situationer, med information som bearbetas både medvetet och undermedvetet av din hjärna. Din intuition drar sedan dessa tankar och mönster från din omedvetna del av hjärnan och applicerar dem direkt i det aktuella scenariot - detta leder till att beslut fattas snabbare och mer beslutsamt.

Hjärnans prediktiva förmågor kommer in i bilden genom att matcha eller missmatcha dold kunskap som inte har nått medvetenhet med aktuella erfarenheter.

Varför har vi gjort det här till en föreläsning om intuition? Helt enkelt för att när du väl förstår hur det fungerar och hur det påverkar beslutsfattande, kanske du kan skilja det från rädsla-inducerade känslomässiga reaktioner och använda dess insikter för att fatta mer effektiva livsbeslut.

Du kan inte bara identifiera din intuition utan du kan stärka den ytterligare genom olika övningar.

Medveten introspektion hjälper till att öka självmedvetenheten och erkänna dina prioriteringar. Individer som regelbundet ägnar sig åt introspektion utforskar sina känslor, var de påverkar dem och var deras känslomässiga reaktioner ligger. Människor som regelbundet introspekterar är inte rädda för att känna sina känslor; snarare har de en vana att fråga "Hur mår jag om det här?" för att identifiera och lita på sina känslor.

Mycket intuitiva individer är kända för att vara öppna och ärliga mot sig själva utan att gömma sig bakom en förmodad fasad, reflektera över sina behov och önskemål snarare än att vara fångade av "bör-has". Deras perspektiv drivs av värderingar som hjälper till att upprätthålla balans inom dem själva och håller intuitionen under kontroll.

När de laddar om sin energi, söker de då och då ensamhet för att ladda om och reflektera inåt. Ensamheten kan komma i form av lugna promenader genom parker och skogar, dricka kaffe bredvid en eldstad eller sitta vid havet och titta på solnedgången - vilken aktivitet som helst som gör att de kan höra sin inre röst samtidigt som de ger sig själva andrum.

Empati är en annan egenskap som ofta finns bland intuitiva människor. Deras förmåga att sätta sig i andra människors skor och känna hur någon annan kan uppleva en händelse gör dem till den bästa personen för många andra. Deras intuition gör dem nyfikna på att förstå hur nära de känner sig; inte av nyfikenhet utan av att vilja etablera starka band mellan individer; ju mer en intuitiv empat blir bekant med någon, desto lättare blir det för dem att förutsäga den personens humör och räkna ut deras behov och känslor. Deras sinnen fångar upp ledtrådar som kroppsspråk och sociala interaktioner som hjälper dem att mer exakt förstå vad individer behöver av dem runt omkring dem när det gäller kroppsspråk eller sociala interaktioner som hjälper till att koppla ihop prickar för att förstå vad varje annan person behöver av dem och förstå vad människor behöver av andra när det gäller kroppsspråk eller sociala interaktioner som hjälper intuitiva empater att uppfatta vad varje annan person behöver av dem också.

Intuition kan vara en kraftfull resurs som kan hjälpa dig att undkomma skadliga situationer och vägleda dig mot de som kommer att ge större tillfredsställelse. Med sina omedelbara svar och förmåga att öppna mentala kapacitet, hjälper intuition oss att fatta snabba, välgrundade beslut. Känn igen situationer där intuitionen dyker upp lättast för dig att utnyttja denna resurs mer fullständigt. Återskapa sådana ögonblick för att maximera dess kraft.

Att leva i dagens samhälle formar våra handlingar, tänkande och personligheter på många sätt; att vara trogen sig själv medan man navigerar i det här livet kan vara utmanande; ändå hjälper det att vara autentisk att låsa upp din fulla potential och förverkliga din fulla potential.

När någon frågar dig hur du mår, hur ska du svara? Är du benägen att anta att de inte bryr sig så mycket och ge ett uppriktigt svar som "jag mår bra"? Eller bör du överväga att svara ärligt hur du faktiskt mår? De flesta väljer det senare tillvägagångssättet eftersom att avslöja sitt sanna tillstånd kommer att leda till ytterligare samtal om sig själva som många föredrar att undvika.

Idealistiskt sett skulle människor inte vara rädda för att uttrycka sig fritt och bära masker istället för att stänga av sig från andra. Men tyvärr, när vi fortsätter att bära våra masker för länge blir de svåra att ta av, vilket gör att vi blir någon vi inte är och även när vi är ensamma börjar vi tänka på hur andra ser oss och vad andra kan tänka om oss.

Svend Brinkman, en dansk psykolog, noterade att människor ofta förväntar sig att de själva och andra alltid ska framstå som glada och positiva; detta kan dock ha negativa biverkningar. Även om att vara positiv kan vara positivt i sig själv, kan det att alltid verka lycklig innebära att du döljer dina sanna känslor för att tillfredsställa andra genom att framstå som positiv[14].

Ingen kan vara glad och optimistisk hela tiden. Genom att låtsas att allt är bra när du inte är det, slutar du vara självsäker och börjar glida bort från den du verkligen är. Att erkänna negativa känslor föranleder reflektion över vad som orsakade det och händelser som kan ha bidragit till dess manifestation; när det väl har hittats bör ansträngningar göras för att lösa det. Att helt enkelt hålla problem dolda kommer bara att öka deras svårighetsgrad med tiden och bli ohanterliga.

Hur kan du börja på vägen mot att bli ditt sanna jag?

Lär dig att vara sårbar

Att vara sann mot sig själv innebär att kunna be om det man behöver och uttrycka det verbalt. Att uttrycka känslor genom tal gör att vi kan formulera våra behov och önskningar, som att säga till någon "det är okej att inte vara okej". Att ignorera en aspekt av dig själv kan innebära att du undertrycker en annan del; att vara ditt sanna jag innebär att acceptera alla delar av dig - behövande såväl som självförsörjande delar!

Sårbarhet ger andra mindre makt att lyfta fram dina brister eller svagheter; när väl är medvetna om det kan andra inte använda dessa mot dig.

Ta dig tid att observera hur du agerar när ingen är i närheten; vilka handlingar behagar andra eller dig själv? Att bli ditt autentiska, bästa jag beror inte på att vara framgångsrik eller ha hög status; snarare handlar det om att utveckla karaktär genom hur man beter sig när ingen är närvarande.

För att uppnå det liv du önskar dig är det absolut nödvändigt att du är sann mot den du vill vara. Många tar ett "fake it till you make it"-förhållningssätt i livet, men detta kan bli utmanande om passion och vilja att leva autentiskt saknas. En stark karaktär hjälper till att utveckla motståndskraft som gör att vi lättare kan nå våra önskade destinationer.

Karaktär definieras av hur du reagerar i en given situation snarare än att bli ett offer för vad som händer dig. Att göra rätt när man möter hinder är en del av detta koncept; en annan aspekt handlar om att göra ansträngningar för att övervinna dem för att bevisa för andra att du kan motstå allt som kommer i din väg. Att ta ansvar för ditt liv innebär att vara oförlåtande när det gäller val och gjorda handlingar, att förbli optimistisk även under svåra tider och att bli ditt bästa jag för att skapa det liv du föreställer dig själv.

Men hur identifierar du vad det är du verkligen önskar? Tyvärr ger framgång, status eller rikedom inte alltid lycka eller tillfredsställelse - vår önskan om materialistiska mål kommer från att vi inte tror att vi räcker till.

Människors behov av att känna "tillräckligt" som den de är är det som motiverar många av dem att köpa dyra saker och äta på lyxiga restauranger. Ditt ego börjar säga till dig att vara någon du är, inte bara för att bevisa ditt självvärde för andra; men detta återspeglar inte en sann förståelse av självvärde.

Egot kan undertrycka vårt autentiska jag med dess obevekliga strävan efter värde och självkärlek, så som ett sätt att fylla det tomrummet matar vi det genom att söka rikedom eller status.

Att erkänna att du räcker till utan alla materialistiska krusiduller är nyckeln till att inse vem du verkligen är och skapa det liv du föreställer dig själv. Genom att tro detta djupt inom dig själv kan du få kontakt med den du verkligen är och forma en tillfredsställande tillvaro för dig själv.

Genom att acceptera och erkänna vem du verkligen är, skickar du signalen att du är redo att ge dig ut på den väg som universum har satt framför dig, övervinna alla utmaningar i vägen och framträda som en glad och nöjd person.

Läser (dömer) vi för hårt? För några dagar sedan, medan jag stod i kö för att komma in på mitt gym för mitt kvällsträningspass, hörde jag två kvinnor diskutera en annan gymmedlem som de kände som "fat-a** Judie". En sa ungefär: "Jag undrar om hon är här ikväll...".

"Japp, där är hon. Jesus, hon är en sån ärthjärna."

När deras tur kom gick båda kvinnorna in på gymmet och skrattade åt Judie som underhållning. Dessa var vuxna kvinnor vars källa till underhållning låg i att kritisera någon som hanterade frågor på ett annat sätt än de själva.

Händelser som dessa tjänar till att påminna oss om att omdöme är en obehaglig känsla. Tyvärr definierar omdöme ofta dig mer än det definierar någon annan; din beror ofta på svagheter inom dig själv.

Låter någon av dessa situationer bekant för dig? "Varför har den där tjejens Instagram fler följare än min, även om hennes bilder ser ut som om de tagits av en lågstadiestudent?" Vad detta innebär är att du önskar att ditt konto hade fler följare, samtidigt som du känner dig osäker på det hela tiden.

"Den där killen verkar alltid glad och trevlig; den måste vara falsk!" Det visar din avundsjuka på hans förmåga att få kontakt med människor och önskar att ditt liv var lika tillfredsställande som hans är; men istället för att arbeta för att förbättra dig själv personligen dömer du och märker andra istället.

"Han tror att han är så viktig på grund av sin dyra bil och hem; vad ytligt!" Dina läppar säger så, medan ditt hjärta vet något annat; Men vad dina läppar uttrycker kan faktiskt betyda att all denna lyx får dig att önska att du levde en annan livsstil, snarare än att känna dig trasig hela tiden.

Se dig omkring och försök identifiera alla som verkar trygga med sig själva samtidigt som de dömer andra hårt. Oddsen är att det inte kommer att finnas någon sådan eftersom dina bedömningar avslöjar svagheter, osäkerheter och mjuka fläckar som du försöker dölja från samhället.

En anledning till att vi så lätt dömer andra är för att vi gör samma sak mot oss själva – alla vägar leder tillbaka till "oss".

Vad kan du göra om du tycker att du läser och dömer andra för hårt? Även om det låter idealistiskt att sluta helt, är det helt enkelt inte möjligt. Det finns dock ett effektivt sätt att fånga dig själv innan du förvandlas till ett skrupelfritt dömande monster: notera när du läser eller dömer någon och sluta innan du blir det!

Håll dig nyfiken. Dom hindrar rationellt tänkande och hindrar dig från att förstå människor eller situationer; ofta kommer dessa övertygelser från begränsad information.

Nyfikenhet håller en öppen för möjligheten att det kan finnas mer i situationen; något bakom kulisserna du inte observerar.

Så snart någon agerar konstigt eller mot dina preferenser, ställ dig själv den här enkla frågan: "Händer det något med den personen som jag inte kan se?" Detta tillvägagångssätt kan tyckas självklart men kommer att tjana till att påminna dig om att det ofta händer mer än vad man kan se.

Att döma människor kan vara lätt och kan till och med kännas tillfredsställande; Men att förbli nyfiken kräver känslomässig intelligens, mognad och självkontroll.

Innan du gör en omedelbar bedömning om någon, stanna upp och tänk efter innan du talar eller sms:ar ovänliga ord. Ord tar inte tillbaka, en gång sa de att de lämnar ett slagkraftigt intryck som kan vara livet ut! Sätt dig själv i deras position så att du kan förstå deras avsikter; omvandla negativa tankemönster till konstruktiva så att du kan bekämpa negativitet inifrån - eliminera sedan dess källa!

En integrerad del av personlig tillväxt och utveckling är att bli medveten om våra egna brister, förändra mönster för att bli mer positiva och mogna individer, samtidigt som vi accepterar andra utan att döma eller kritiseras som en del av denna resa.

Som diskuterats i del två är det viktigt att förstå vad som motiverar andra; men lika viktigt för din lycka och ditt välbefinnande är att identifiera och förstå vad som driver DIG i livet. Genom att själv förbli inspirerad och motiverad kommer du att finna energi och driv som kan sprida glädje inom dig själv och spridas till alla omkring dig - ungefär som att fylla en tom brunn kan inte ge lättnad!

Intern motivation kan komma från flera källor, inklusive ekonomiskt oberoende, hälsofördelar, stabilitet eller självförverkligande. Varje individ är unik i sin motivation; därav varför vissa trivs bättre med uppgifts- eller kompetensorienterat arbete medan andra stannar kvar med servicejobb - dessa faktorer avgör vilken väg man väljer.

1. Inneboende motivation: Aktiviteter du tycker om att göra för deras egen skull, som att studera kriminaljournalistik eftersom det har inspirerats av att se kriminaldokumentärer och läsa mysterieromaner.

2. Definierade motivationer: Aktiviteter du ägnar dig åt som för dig närmare att uppnå dina mål; till exempel studera kriminaljournalistik om ditt mål är att arbeta som brottsbekämpande agent.

Studier som utförts för att utforska effekterna av inneboende och identifierad motivation på barns lycka och välbefinnande visade att de barn som var inneboende motiverade att lära sig mer var psykologiskt i ett bättre tillstånd, oavsett deras betyg.[15]

När du väl förstår vilken motivation som driver vilka handlingar bör nästa steg vara att identifiera vad som driver DIG. Att göra en självutvärdering och vara ärlig om hur och varför du har blivit den du är nu kan hjälpa dig att identifiera vad som driver DIG - sedan räkna ut en handlingsplan för att komma dit du skulle vilja vara i livet.

Experter ger råd när du försöker identifiera motivation, det är bra att komma ihåg de ögonblick då du kände dig mest levande och ivriga att slutföra något. Att reflektera över de uppgifter som hade en särskilt hög engagemang kan avslöja var dina passioner ligger.

Kom ihåg dessa tillfällen och fundera över vad som ledde till din känsla av prestation eller spänning, utforska sedan deras orsaker genom att förstå varför saker hände på det här sättet. Genom att svara på denna fråga kan det hjälpa till att identifiera motivationsfaktorer. Här är några frågor du kan ställa till dig själv för att hitta dem:

* Vem ser du för dig att bli om två till tre år?

Hur skulle den här personen bete sig? Om pengar och resurser inte var ett problem för dig, vem skulle du hjälpa av generositet? Var skulle du vilja göra ett slagkraftigt uttalande om vad som intresserar eller motiverar dig. * Vilka hobbyer och sysslor gör dig lycklig?

* Vilka egenskaper måste du utveckla för att bli den bästa versionen av dig själv och skapa det liv du föreställer dig?

Svara på följande frågor för att avslöja dina inspirationer och leva ett liv som speglar dina värderingar och övertygelser.

Ett viktigt steg mot att bli motiverad är att konfrontera rädsla. Rädsla hindrar oss från att gå framåt; det hindrar rörelse, får oss att tvivla på oss själva vid varje tur och leder oss ner på en onödig väg av försiktighet. Tyvärr uppstår ibland våra rädslor ur fantasi snarare än en korrekt utvärdering av risker; även om spänning överskuggar rädsla för att kunna fullfölja din uppgift längre kommer det fortfarande att finnas delar av oss själva som vill skydda sig från yttre påverkan och hålla tillbaka i ett försök att säkerställa vår säkerhet.

För att undkomma denna situation är det nödvändigt att ta itu med din rädsla direkt och övervinna dem. Det första steget bör vara att känna igen dem genom att tala högt; genom att erkänna dem högt, kan deras makt över dig sakta minska. Ställ dig själv dessa frågor:

* Vilka är chanserna att det du fruktar kommer att inträffa?

Och varför är du orolig för att det skulle kunna?

Genom att konfrontera dem direkt kan du upptäcka vilka rädslor som är verkliga och vilka som är inbillade. Din rädsla kommer också att indikera var det kan finnas luckor som behöver fyllas innan du når din destination och riskhanteringsstrategier måste införas. När dessa farhågor har hanterats direkt, blir det mycket enklare att bedöma vad som driver och stoppar framsteg snabbare - kunskap som gör att du kan nå dina önskade mål snabbare.

Konversation är ett effektivt och enkelt sätt att bygga kontakter, utbyta tankar och utveckla ömsesidig förståelse mellan människor. Dessa interaktioner ska vara njutbara och ge insikter om individers personligheter och preferenser; genom dem utvecklar vi empati, känner oss förstådda och hör varandra - skapar minnesvärda upplevelser och varaktig tillväxt under hela våra liv.

Men för att skörda dessa fördelar med "konversation" måste du nå en punkt där människor vill prata med dig - detta innebär att du utan ansträngning håller uppmärksamheten, styr rummet och lyser i sociala eller professionella situationer.

Är dessa förmågor inneboende, eller kan de utvecklas genom specifik träning och övning?

Här är insiderinformationen - du kan odla dessa förmågor genom att positionera dig själv som en intressant, kultiverad och kunnig individ.

Varje människa längtar efter att vara intressant; det är en obestridlig sanning. Även någon som är obekväm med att ligga i framkant kommer fortfarande att vilja framstå som intressant och undvika att bli stämplad som en tråkig! Att vara intressant leder till inflytande och möjligheter; genom att förstå vad som får en intressant individ att bocka kan du bli en själv och bli inflytelserik inom din inflytandekrets.

Hur kan du göra det?

Börja med att vara inkluderande. Försök inte att vara "cool" genom att vara avvisande mot andra - det kommer bara att undergräva din trovärdighet ytterligare. Stöd människor istället för att underskatta dem: detta gör ett bättre intryck!

Om du ser någon på en fest eller bar hålla sin drink medan du söker efter någon att prata med, ignorera dem inte; göra ett försök att inleda samtal för att få dem att känna sig sedda och inkluderade. Nämn kanske något om dem som du lärde dig under ett av dina tidigare samtal; detta kommer att visa dem att du lyssnade när du pratade med den personen också. Etablera dig själv som en bra lyssnare så att de uppfattar dig som spännande.

Även om det är trevligt att vara i centrum för uppmärksamheten, är det också viktigt att vara ödmjuk. Studier visar att människor tycker om att umgås med dem som visar ödmjukhet. Eftersom denna term kan variera avsevärt beroende på sammanhang, låt oss använda som vår definition: att respektera andras åsikter och perspektiv som ödmjuka - detta kommer att visa någon att de betyder något!

Var försiktig så att du inte förväxlar ödmjukhet med brist på självrespekt eller självsäkerhet; att vara ödmjuk kräver inte ett självironiskt beteende som får någon annan att känna sig speciell. Var ödmjuk genom att erkänna dina förmågor och vad de kan eller inte kan göra; till och med något så enkelt som att säga, "Jag vet inte svaret ännu men kommer att undersöka och återkomma till dig," eller erkänna "Jag är obekant med det här ämnet, kan du berätta mer?" kan visa ödmjukhet.

Undvik att bli skrämd av att visa att du har ett öppet sinne för nybörjare! En annan effektiv strategi för att driva konversationer framåt är genuin generositet, eftersom detta framkallar ett psykologiskt svar av ömsesidighet från andra. Vi menar inte materialistiska gester som att köpa presenter eller mat; ha helt enkelt öppna konversationer, ge komplimanger fritt eller fråga någon hur de mår utan att fråga bara av formalitet!

Genom att vara generös med din tid och uppmärksamhet kommer du att upptäcka att andra blir mer intresserade av dig. De kommer att uppskatta att veta att du inte är där bara för att få materiella fördelar av deras närvaro.

Var generös genom att säga "ja". Om du har specifik expertis eller insikter om ett område av intresse för andra, använd dem fritt utan att överväga vad som kommer tillbaka i gengäld.

Att vara intressant och hjälpsam kommer att göra det möjligt för dig att tjäna fördelar bland andra och etablera livslånga relationer. Genom att följa de samtalspraxis som nämns här blir det lätt att bli föremål för samtalsintresse.

Har du upplevt långa pauser och besvärliga utseenden, vilket har gjort konversationen obekväm

Alla kommer någon gång att uppleva långa pauser och obekväma blickar under samtal som gör oss obekväma, det är då vi inser vikten av att hålla igång dialogen; även känd som att hålla människor investerade i sina diskussioner.

Så här kan du göra det - Hitta ett gemensamt intresse. Människor varierar mycket med avseende på intressen och prioriteringar; att hitta något gemensamt hjälper till att bygga broar mellan er. När du hittar något liknande mellan två personer, skriv ner allt du tycker är intressant med det (som konversationsstartare). Gå igenom den listan flera gånger så att den lätt fastnar i ditt minne när samtalspunkter uppstår i det området - hänvisa sedan tillbaka till den när det behövs! Skriv dessutom ner konversationsstartare om ämnen som är relevanta för er båda så att diskussionen aldrig blir slut!

Intressanta ämnen inkluderar fotboll, den senaste gadgeten som introducerats på marknaden, att titta på en film eller läsa en bok du tyckte var rolig eller höra kommentarer från Donald Trump som fick dig att skratta högt.

Var inte blyg för att ställa öppna frågor när du känner att du saknar ord - en öppen förfrågan kräver mer än ett "ja/nej"-svar och kommer säkerligen att väcka konversationer mellan inblandade parter.

Exempel på ämnen kan vara: En konsert: Mina tankar
Vilken filmscen gillade du mest och gick ut ensam eller i grupper?

Dessa frågor uppmuntrar människor att öppna upp mer om sig själva. Genom att eliminera obekväma tystnader mellan konversationerna, håller den här typen av frågor dialogen smidigare mellan dig och en annan individ.

Genom att ställa den här typen av frågor visar du någon att du bryr dig om deras åsikter och känslor - detta bygger relationer genom att hålla dialogen igång mellan dig själv och dem. De kommer att uppskatta denna ansträngning du lägger ner för att underhålla den!

Etablera känslomässiga band

Samtal ska inte bara ses som ord: de tjänar till att bygga känslomässiga förbindelser mellan människor. Även om du kan föra en hel dialog utan att dela meningsfull information, hjälper det att skapa meningsfulla band och ger en inblick i en annans personlighet.

Blurt! När inget annat fungerar, tveka inte att säga till! Konversation kan ofta bli utmanande eftersom vi fruktar att våra ord kan vara tråkiga för andra; därför förblir våra tankar och ord dolda tills vår rädsla för att bli dömd visar sig i ord eller handling. Men ofta härrör denna rädsla från ingenting annat än fantasi!

Nästa gång du råkar ut för ett sådant möte, tala fritt vad du tycker (så länge det inte innehåller rasistiskt eller sexuellt kränkande material). Du kanske blir förvånad över att få reda på att människor inte är så trångsynta som du föreställt dig!

Dina ansträngningar att fortsätta en konversation kommer bara att lyckas om båda deltagarna är investerade i det och är villiga att engagera sig fullt ut. Om de visar tecken på ointresse eller vägrar att bidra alls, ta det som en indikator på att det borde sluta omedelbart.

Oavsett dina intressen eller mål Det är obestridligt att personliga relationer är nyckeln till personlig och professionell framgång, oavsett ens intressen, personliga mål eller yrke. Ändå kanske du har märkt att vissa individer verkar kunna ansluta lätt till allt de möter medan andra kämpar till och med för att ha sunda samtal än mindre utveckla meningsfulla relationer med dem.

Så här kan du närma dig och få uppmärksamhet från vackra flickor på en bar, avdelningschefen vid ett årligt evenemang eller din granne genom att skriva under en namninsamling för att göra området säkert.

Så hur kan du utveckla denna färdighet?

Kom först och främst ihåg att människor reagerar bättre på genuina människor. Att skapa och behålla kontakter börjar med genuina avsikter; alla försök till ytliga interaktioner kommer bara att pågå så länge. Att prata med människor bara för kampanjer eller gratisbiljetter kommer inte att minska det - om du verkligen bryr dig om människor kan de bli äkta vänner med tiden.

Två, visa din vilja att ge någon du försöker få tid och uppmärksamhet. Ibland på grund av begränsade resurser kanske vi inte kan överösa människor med gåvor eller materialistiska uttryck av tillgivenhet; att ge någon genuin tid att lära sig om deras preferenser och gillar är en lika effektfull gest som visar att de betyder något.

Om du har svårt att lära dig mer om dem genom oberoende forskning, kan det hjälpa enormt att få kontakt med människor de känner. Människor tenderar att härma våra vanor och hobbyer, så genom att känna människor de gillar mer intimt kan du också få insikter om dem.

Att skapa kontakter kan också vara ovärderligt i professionella miljöer; många lediga jobb tillsätts genom remisser och nätverk; genom att skapa relationer öppnar du dig för oändliga möjligheter.

När någon rekommenderar dig för ett jobb kan deras rekommendation garantera din trovärdighet, vilket gör det lättare att säkra det jobbet. Underskatta inte att bygga relationer med kollegor bara för att ni tillbringar begränsad tid tillsammans; fler människor i din umgängeskrets betyder fler möjligheter i livet!

När du väl har etablerat en anslutning bör nästa steg vara att främja den och hålla den stark. Tyvärr, när någon väl är utom synhåll faller de ofta från människors minnen; För att se till att du förblir oförglömlig är det enklaste sättet med små gester som att skicka julkort, födelsedagsmeddelanden via sms eller deras favoritbok med en personlig anteckning - du kan bli förvånad över hur nöjda människor kommer att bli av dessa påminnelser som visar att de betyder något! Vi längtar alla efter att bli ihågkomna; visa någon att de betyder något genom att visa att din relation värdesätter dem! Du kan bara skapa livslånga kontakter!

Allt som krävs för att vinna över människor är att visa att du förstår och värdesätter dem; då kommer du att vinna deras lojalitet.

Den digitala tidsåldern har gjort det enklare än någonsin för oss att automatisera uppgifter och använda maskiner för att hantera vår arbetsbelastning, men ju mer teknik vi litar på, desto längre bort från att uppleva de känslor som är involverade i att slutföra en uppgift eller övervinna svårigheter att slutföra vårt arbete känns.

Emotionell intelligens spelar in här; det hänvisar till din förmåga att känna igen både dina egna känslor och de runt omkring dig, inklusive hur dessa påverkar andra och påverkar deras tankar och beteende. Genom att förstå mänskliga känslor djupare, har känslomässigt intelligenta människor lättare att få kontakt med andra människor samtidigt som de är mer medkännande och förstående gentemot dem de möter; denna kvalitet bidrar i hög grad till deras professionella och personliga framgång.

Människor blir ofta förvirrade mellan emotionell intelligens och intelligenskvot (IQ), eftersom de båda representerar olika former av intelligens. Den huvudsakliga skillnaden ligger i hur var och en mäts och representeras.

IQ mäter mental intelligens genom standardiserade tester och är direkt knuten till mentala förmågor; till exempel att kunna förstå information och tillämpa den för att lösa problem. Människor med högre IQ är skickliga på att skapa snabba mentala kontakter och snabbt ta fram abstrakta idéer. Emotionell intelligens hänvisar till hur man använder känslor för att förstå situationer; de i den högre delen av denna skala tenderar att vara känslomässigt stabila individer som kan hantera sina känslor väl samtidigt som de hanterar dem som går igenom svåra faser effektivt.

En annan skillnad mellan dessa två former av intelligens är att IQ är något du ärver vid födseln medan emotionell intelligens utvecklas från upplevelser under din uppväxt och omgivning. Du kan arbeta för att bli känslomässigt intelligent som vuxen genom att odla starka människors färdigheter.

Så här kan du åstadkomma det:

* Var uppmärksam på dina reaktioner. Försök inte att döma innan du helt förstår alla aspekter av en situation, försök istället att se saker ur andras synvinklar och ha ett öppet sinne utan att ge efter för stereotyper eller fördomar. Genom att acceptera andras åsikter och acceptera deras åsikt(er), bygger du deras förtroende.

* Bedöm dig själv. Är du medveten om dina svagheter? Kan du acceptera att det behövs arbeta med vissa områden av dig själv för att bli en bättre människa? Ta en ärlig och eftertänksam titt på dig själv och var modig nog att förändra de delar som hindrar tillväxten - det kan förändra ditt liv! * Ta en ärlig och eftertänksam titt på dig själv! Att vara ärlig kan vara livsförändrande!

* Utvärdera hur du reagerar i stressiga situationer. Hur hanterar du besvikelser när det inte går som förväntat, till exempel när det inte fungerar? Slänger du eller skyller på andra istället? Att kunna hantera besvikelser lugnt är oerhört värdefullt i både professionella och

personliga sammanhang - det förhindrar att känslomässiga utbrott leder till förhastade beslut eller handlingar som du kan ångra senare.

* Sök inte validering av dina prestationer. Ödmjukhet kan vara en ovärderlig emotionell verktygslåda; Att öva på det visar andra att du känner igen dina egna styrkor och prestationer utan att behöva skryta med dem för andra. Fokusera istället på andras prestationer som ett sätt att inspirera dig själv! Du kanske bara ser att deras prestationer smittar av sig på dig.

* Ta ansvar för dina handlingar. Om du förolämpar någon annan, be om ursäkt eller försök att lösa situationen omedelbart om det behövs. Ignorera inte deras känslor eller tänd dem till att tro att de inte borde ha blivit sårade på något sätt; genom att visa en ansträngning för att rätta till saker ärligt och göra gottgörelse visar du för den personen att de värderas av dig och att allt möjligt kommer att göras för att upprätthålla relationer mellan er båda.

* Var uppmärksam på effekterna av dina handlingar. Innan du vidtar någon åtgärd, ta alltid hänsyn till hur det kommer att påverka de inblandade i situationen och deras reaktioner på det du föreslår att du ska göra. Skulle det skada dem eller förvärra saken ytterligare för dem? Om så är fallet, undvik att gå vidare med det helt och hållet; men om det inte kan undvikas av någon anledning, se till att diskutera detta beslut med dem först och försöka hitta sätt att minimera dess negativa konsekvenser.

Emotionell intelligens är nyckeln för att läsa och förstå människor. Det låter dig skapa starka band med individer, vilket i slutändan leder till framgång i alla aspekter av ditt liv.

När din partner kommer hem efter en hård dag på jobbet, tänker de för sig själva: "Äntligen! Jag kan slappna av nu!" eller tänker de istället: "Här kommer det igen!" Om du vill ha ett framgångsrikt äktenskap eller ett framgångsrikt förhållande, skulle du helst vilja att de tänker på den tidigare frasen - även om det kan vara trevligt att komma hem till ett obefläckat hem, är det viktigare att få dem att känna sig tillfreds i en miljö de tycker om att vistas i och känna dig välkommen och välkommen av dig lika mycket som själva renlighetsfaktorn.

Vad ska du göra när du har haft en jobbig dag? Le och försök vara snäll som med främlingar på ett möte, eller dumpa alla dina känslomässiga rester på dem? Konstigt hur de som står oss närmast ofta ser vår sämsta sida. Man kan hävda att utan att vara "riktiga" med varandra i våra hem och relationer, vem skulle vi annars öppna oss för? Men klarar du av allt frekvent rykande och krångel från dem också?

Därför är det viktigt att du inte skapar en miljö du inte kommer att kunna leva i själv. Visst, alla har stunder där ångest, ilska eller stress tar kontroll. Men försök att begränsa dessa incidenter så att din partner inte kommer hem till negativitet. Om dessa känslor verkar svåra för dig att hantera ensam, prata med vänner eller terapeuter för stöd; endast när din mentala hälsa är stabil kan du skapa en optimal atmosfär för er båda.

Att attrahera din partner kräver att du håller tekniken utanför ekvationen när du pratar med dem; ge din fulla uppmärksamhet utan att bläddra igenom ditt Twitter-flöde samtidigt; lyssna på hur deras dag gick och rapportera tillbaka vad du gjorde under den; om ditt hem är tillräckligt stort, håll bärbara datorer eller datorer utom synhåll för att minska frestelsen att checka in för ofta; Decluttering kommer att möjliggöra frekventa återanslutningar istället för bara en dejtkväll varje vecka.

Dessutom kan yttre påverkan bidra till att skapa en idealisk atmosfär. Se till till exempel till att både du och ditt hem luktar gott när din partner kommer - detta kommer omedelbart att fräscha upp dem mentalt samtidigt som de känner sig närmare. Tänd doftljus och spela lätt musik för att skapa en romantisk, mysig atmosfär; din följeslagare kommer säkerligen vilja stanna hos dig längre!

Ditt hem ska vara en oas av komfort och lugn - om du kan hjälpa till att bygga en tillsammans med din partner, kommer det att räcka långt mot ett framgångsrikt partnerskap.

Att erkänna deras komfortzoner och tillmötesgå dem

Innebär ditt förhållande träningsbyxor, fisar i sängen och att din partner skriker "Babe, den finnen kan ta över hela ditt ansikte!"? Om detta beskriver dynamiken mellan dig och din partner, har du framgångsrikt etablerat en trevlig anslutning som är byggd för att hålla.

Någon gång i ditt förhållande kan du stöta på situationer där en aktivitet eller social situation du ville engagera dig i var utanför din partners komfortzon. För att upprätthålla fred i relationen och undvika oenighet är det viktigt att båda parter förstår var deras komfortnivåer slutar och hur långt du kan driva dem att flytta ur dem.

Om du är en extrovert och din partner är en introvert kanske de inte tycker om att gå på så många fester och utomhusaktiviteter som du gör. Att därför hitta en acceptabel kompromiss där ingen av parterna känner sig begränsade av att stanna inomhus för mycket; och där ingen av dem känns överexponerad på grund av ständiga sociala interaktioner är nyckeln för att hitta lycka tillsammans.

För att tillgodose deras preferenser, börja med att förstå deras humör – som när de känner för att gå ut kontra när de vill spendera mer tid hemma med Netflix och böcker. Försök också att inte gå ut på varandra följande dagar och låt deras energireserver ladda upp sig själva innan de går ut igen. Dessa små justeringar i din attityd kommer att visa dem att du bryr dig om deras preferenser samtidigt som de uppmuntrar dem att gå utanför deras komfortzoner för att passa dig också!

Studier har visat att när par känner sig bekväma i sina sällskapsrelationer, ökar chansen att de håller längre. Omvänt innebär att nå en komfortnivå mindre spänning eller nya upplevelser att utforska och riskerar att bli inaktuella med tiden. Så, hur kan du balansera att tillgodose båda dina partners komfortnivåer samtidigt som du håller romantiken vid liv?

Försök att överraska varandra ibland - inte med något så stort som att köpa en ny bil utan att först rådfråga din partner - fokusera istället på mindre, meningsfulla gester som att ge sin favoritmåltid när de kommer tillbaka från jobbet, bära dina sexigaste underkläder till sängen, eller planerar överraskningsdejter för att visa din kärlek hur omtänksam du är. Dessa små överraskningar kommer att lägga till överraskningsmomentet utan att gå för långt utanför deras komfortzoner.

Par som blir tör bekväma kan lätt falla in i den inte-talande zonen och förväntar sig att deras partner kan läsa dem utan att de själva behöver säga något. Men verkligheten kan ofta bevisa motsatsen!

Att förstå dig själv kan vara lätt för andra baserat på mönster och förutsägbara beteenden, men ibland kan de helt enkelt inte uppfylla dina förväntningar. När detta inträffar blir kommunikation och att uttrycka dina känslor avgörande; undertryck inte känslor när de uppstår; uttryck dem öppet istället! Om något har sårat dig djupt eller känslomässigt om de behöver någon att sitta med eller hålla i handen, låt dem bara veta! Ett hjärta till hjärta är alltid det mest effektiva sättet att få kontakt med våra närmaste.

Om att uttrycka sina känslor inte är något som din partner känner sig bekväm med att göra, tillmötesgå dem genom att lära sig deras icke-verbala signaler och tryck inte för hårt för att de ska kunna uttrycka sig. Med tiden kommer du att märka deras uppskattning av att du låter dem hålla sig inom sin komfortzon.

Din partners komfortzon är utrymmet där de låter dig verkligen se dem för vem de verkligen är - både deras styrkor och deras brister. Genom att lära dig att stanna hos dem i denna zon kommer du att upptäcka deras personlighet lättare och lära dig att tolka den lätt.

Att vara sårbar

Vi har talat mycket om sårbarhet genom hela den här boken och det tål att upprepas att känslomässig exponering ger dig styrka att öppna dig för upplevelser och kärlek. Många är rädda för att visa sin sårbarhet eftersom de tror att det får dem att se svaga ut – det här är helt enkelt inte sant! Här är varför.

Genom att dela ditt sanna jag med dina närmaste visar du ditt mod att bli sedd för den du verkligen är och bli sedd för den du verkligen är - skapa en känsla av tillhörighet, kärlek och autenticitet i relationer som betyder mest.

Att kliva fram med mod för att vara sårbar har många känslomässiga fördelar. Genom att placera dig själv i situationer som gör dig sårbar, som att placera dig själv i situationer som testar din förmåga och testa hur kapabel du är att hantera utmanande scenarier – bygga självförtroende samtidigt som du stärker motståndskraften mot hinder på vägen.

Att visa sårbarhet med vänner, partners och föräldrar kan främja empati. Genom att göra det kan de bevittna dina mjuka fläckar som du tenderar att hålla dolda för andra - berätta för dem att de betyder mer än alla andra genom att öppna den här sidan upp för dem.

Förutom att förbättra relationerna med andra, stärker empati också din kontakt med dig själv. Genom att acceptera oönskade eller svaga aspekter av dig själv och acceptera dem som en del av den du är, ökar empati självacceptansen och bidrar därmed till det övergripande välbefinnandet.

Följande är några förslag som hjälper dig att bli sårbar: * Var öppen för att ta chanser som kan resultera i avslag. Kommunicera ärligt om vad du vill ha ut av relationer - speciellt dina förväntningar och gränser - tillsammans med personliga ämnen som du vanligtvis inte diskuterar med någon annan, som personliga frågor som dyker upp i samtal och diskutera tidigare misstag som gjorts i relationer.

* Diskutera händelser som väcker känslor av rädsla, skam eller sorg.

Hittills har vi bara utforskat några få sätt på vilka att acceptera sårbarhet hjälper en att växa; det öppnar dörrar för förändring samtidigt som det bygger flexibilitet.

Förändring kan vara skrämmande för många eftersom det innebär att lämna sin komfortzon och ge sig ut på okänt territorium. Därför kräver denna process omfattande arbete - det första steget är att lära sig att vara sårbar. Föreställ dig att du försöker bryta en odefinierbar dålig vana som att äta överdrivet, vilket har negativt påverkat din hälsa, ditt utseende och din budget. För att göra det framgångsrikt måste du dock först identifiera dess grundorsak; vad är det som driver dig mot mat i första hand? Äter du för att slippa känslor, stress eller ångest, eller för att bli uttråkad? För att övervinna ditt matberoende måste en ärlig blick in i dig själv ske - att erkänna dina mörka vanor kommer inte att förändras över en natt, precis som hur deras känslor inte kan.

Förändring kräver ärlig, icke-deflektiv självanalys - och sårbarhet är inkörsporten till allt!

Sårbarhet kan öppna ditt sinne för nya perspektiv. Nyckeln till att välkomna olika åsikter och idéer ligger i att acceptera att dina upplevelser inte var alltupptagande i livet; att tillfälligt ge upp övertygelser och värderingar för andra synpunkter kan vara utmanande; ändå hjälper sårbarhet dig att se att det finns mer bortom dig själv, när du kommer att inse att det finns människor som lever utanför dina önskningar och behov samt att acceptera alla perspektiv lika för att skapa meningsfulla kontakter med de människor som bor där.

Det finns ett urgammalt ordspråk: allt du lägger ut i världen kommer tillbaka till dig i någon eller annan form. Det gäller lika bra när det kommer till relationer eller förbindelser - det du tar med kommer att reflekteras tillbaka på dig i natura; till exempel kommer kärlek, empati, tolerans och tålamod att ge utdelning i form av starka och meningsfulla kontakter, medan vice versa.

Nu när du förstår hur människor fungerar är det dags att använda all den kunskapen! I det här avsnittet kommer vi att använda all din inlärning - att dechiffrera även de mest noggrant bevarade hemligheterna kan vara svårt; här kommer vi att utforska vad som ger bort människor, upptäcka lögner snabbt och bryta igenom alla barriärer som människor ofta sätter upp mot sig själva.

Människor som läser handlar om att uppmärksamma de små detaljerna och observationerna som ofta glider förbi obemärkt. Som en erfaren människoläsare kan du inte tillåta att ens små skillnader som nässnärt eller spikryckningar går obemärkt förbi; Därför syftar det här avsnittet till att lära dig hur du identifierar dessa mikrodetaljer som hjälper dig att göra korrekta bedömningar.

Har du någonsin sett hur någon ser ut när de ljuger? Tyvärr finns det inget enskilt svar eftersom varje individ visar olika indikatorer på lögn. Kroppsspråk, ansiktsuttryck, ordval och vanor kan ge upp om någon ljuger. Verbala och ickeverbala signaler som dessa kan hjälpa till att identifiera lögner kontra sanning - även om du kanske inte känner igen själva termen baseline!

Att basera människor ger dig möjlighet att utvärdera individer på deras sanningsenlighet. Genom att tillhandahålla ett objektivt mått för att jämföra och bedöma om deras beteende är ur karaktär, eller helt enkelt ett tecken på att de agerar normalt.

Så hur kan du identifiera baslinjebeteenden? Här är tre enkla steg som hjälper dig att göra just det!

Steg 1: Börja med handslaget.
Som de säger, det första intrycket håller i sig och du får bara en chans att göra det första slagkraftiga uttalandet om någon. Se även detta som det perfekta tillfället för att bedöma en persons handlingar eftersom de flesta är som mest positiva under ett första möte.

Säljare och intervjuare är skickliga på att använda denna färdighet och skapar ofta ett positivt första intryck hos kunder eller potentiella anställda efter bara ett handslag. Deras hemlighet? Var uppmärksam på blick, röstkvalitet och hållning när du hälsar nykomlingar med ett inledande handslag.

Oavsett om du är i en social eller professionell situation, kan du bedöma dem snabbare genom att hålla koll på människors sociala ledtrådar och ta mentala anteckningar. Även om detta kan kännas påträngande ibland, vet att all denna data undermedvetet kommer in i våra sinnen ändå; genom att göra en medveten ansträngning för att komma ihåg dess närvaro kan vi snabbt skapa kopplingar när det gäller beteende.

När du skakar någons hand, var uppmärksam på hur de småpratar, berättar skämt och svarar på personliga frågor i en naturlig miljö. Denna information kan hjälpa till att fastställa en baslinje.

Steg 2: Stimulera olika reaktioner genom att ställa frågor.
Nyckeln till att skapa en korrekt baslinje är att samla in en individs normala reaktioner i olika situationer - hur de reagerar när de är glada, ledsna eller uttråkade är bara exempel - även om detta kan vara svårt i vardagliga sammanhang som begravningar - även om man ibland ställer specifika frågor för att mäta reaktioner skulle kunna ge insikter om dem närmare.

Visar David eller Jane tecken på obehag när du säger "nej" till dem? Höjer Kevin på ögonbrynen när han pratar med Taylor?

Dina reaktioner under icke-hotande omständigheter kommer att utgöra grunden för hur denna person reagerar i farligare scenarier.

Ögonrörelser kan användas som en indikator på avvikelse från normalt beteende. Enligt forskare över hela världen har de som ägnar sig åt oärliga aktiviteter vanligtvis ögonkontakt när de talar, även om deras mönster skiljer sig från normala förhållanden - till exempel kan de titta ner eller titta någon annanstans medan de pratar; eller uppvisa konstant ögonkontakt till en början men sedan byta efter utlösande frågor eller stressfaktorer gör att det plötsligt förändras; att blinka långsammare eller snabbare än vanligt kan också signalera att något misstänkt pågår.

Andra aspekter att hålla utkik efter när man genomför baslinjer inkluderar sittande och stående ställningar, rösthastighet och ton, skrattstil, nervösa tics, handgester och uttryck för spänning och överraskning. Vad många inte inser är att deras ansikte ofta förråder sanna känslor med mikrouttryck som korta leende eller lyft av ögonbryn som händer i bara millisekunder men avslöjar exakt hur en person verkligen känner - till skillnad från kroppsspråk som delvis kan kontrolleras genom medvetenhet av det.

Proffs är överens om att känslor som visas under ansiktsbehandlingar inte alltid indikerar skuld; ibland vill de helt enkelt inte uttrycka vad de tänker på. När någon uppvisar dessa symtom, undersök vidare genom att ställa specifika frågor om varför de känner så här.

Steg 3: Håll ett mentalt register över baslinjebeteende.

Den sista nyckeln till att lösa detta pussel ligger i att komma ihåg allt du observerar mentalt. Fila bort deras beteende tillsammans med ytterligare information som make, yrke eller hemstadsadress om det behövs - speciellt om ditt minne är svagt! Att tillhandahålla denna extra detalj kan hjälpa till att ansluta punkter snabbare samtidigt som andra detaljer lättare återkallas; skriv bara inte ner allt, låt din hjärna komma ihåg!

Har du någonsin deltagit i en fest där, medan du berättade en engagerande historia från jobbet för en grupp människor, allt som hördes som svar var: "Oh yeah! Fantastiskt. Serverar de räkor?" och din energi försvann snabbt när du snabbt avslutade din berättelse, utan att känna dig nöjd över hur saker och ting hade blivit?

Det som hände var att någon bara halvlyssnade och ställde en irrelevant fråga som dödade både din dialog och ditt humör. För att en konversation ska flyta smidigt, var uppmärksam och ställ relevanta frågor - detta kommer att få dem att prata mer fritt och i slutändan gör det möjligt för dig att få en djupare insikt i dem, vilket hjälper dig att läsa dem bättre i gengäld. Det är som dominoeffekten!

Inbjudan är ett av de grundläggande verktygen för kommunikation; den informerar de närvarande om att det är deras tur att tala samtidigt som de ger förslag på ämnen de kan utforska.

Exempel: Frågan "Hur var den senaste boken du läste?" öppnar en inbjudan till samtal om det specifika ämnet du tog upp i din fråga.

Dessa inbjudningar fungerar som ett väsentligt skyddsnät när konversationen hamnar på spåren. Om du märker att du kämpar för att komma på ämnen för konversation, prova att slänga in en inbjudan i mixen - speciellt om det handlar om något du har diskuterat tidigare! Annars kommer det inte att skada att starta nya ämnen helt och hållet.

Inbjudningar kan ha formen av frågor eller uttalanden. När du använder frågebaserade inbjudningar, se till att hålla språket fördomsfritt och relaterbart för maximal respons.

Dessa öppna frågor tillåter personen framför dig att utveckla istället för att ge korta svar. Till exempel att fråga: "Hade du en bra resa?" kommer sannolikt att resultera i antingen ja eller nej svar. Däremot frågar jag "Hur var din resa?" du kan få mer detaljerade svar som visar den andra personen att du bryr dig och motiverar dem att dela mer information om sin resa med dig.

Genom att intressera dig för att lära känna en annan visar du ditt eget. Detta skapar ett stärkande band mellan dig och den individen och låter dem öppna sig mer.

På samma sätt som att ställa insiktsfulla frågor visar det att du är intresserad av att ställa insiktsfulla frågor om dem. Genom att följa den klassiska regeln "visa, säg inte", genom att ställa insiktsfulla frågor visar du människor att du bryr dig - men var försiktig med att vara nyfiken!

Därefter kommer vår uppgift att ställa bra och insiktsfulla frågor.

Att göra det senare kommer inte att ge dig mycket insikt i deras sanna jag, eftersom inte ens de kommer att förstå varför du är intresserad. De kan anta att du bryr dig mer om vädret än dem! På samma sätt, genom att ställa intima frågor som "Vad är din djupaste mörkaste önskan?", kan du göra dem obekväma och vilja fly från dig så snabbt som möjligt.

Börja smått och intuitivt. När dina frågor utvecklas, ställ gradvis mer intima frågor samtidigt som du överväger den andra personens komfortnivå. Om de vid något tillfälle verkar störda av dina förfrågningar eller visar tecken på obehag, sluta. Byt istället tillbaka till mindre påträngande frågor tills du får tillåtelse att fortsätta sondera djupare.

Innan du går för djupt in i någons personlighet bör dock två viktiga överväganden hållas i åtanke.

Först och främst, övergången av en relation från formell till intim sker inte över en natt; snarare är det en gradvis process som tar flera samtal över tiden. Till en början kan konversationer kretsa kring ämnen på ytan som familj och hobbyer; med tiden kan dessa expandera till personliga diskussioner som tidigare relationer eller barndomstrauma.

Påminn dig själv om att varje konversation erbjuder chansen att bygga relationer och få mer insikt om en person. Med tiden kan de känna sig mer tillfreds med att dela med sig av personliga uppgifter om sig själva.

För det andra, skapa förtroende. Om du ber någon att avslöja intima detaljer om sitt liv, var beredd att göra detsamma i gengäld. Att dela detaljer om dig själv kommer att öppna en kanal av förtroende mellan er två som kan bygga upp förtroende i alla relationer.

Inbjudningsfrågor är bra för att öppna upp dialogen, men de kommer inte att göra jobbet ensamma. Så använd uppföljningsfrågor för att utöka dialogen.

Enkelt uttryckt, att ställa frågor till någon som, "Hur mår du om det?" eller "Varför sa du det?" visar genuin nyfikenhet för deras berättelse eller budskap och ger dem validering att deras tankar värderas av någon. Detta ger dig också chansen att visa värde när du lyssnar uppmärksamt under konversationer som annars kan verka för obekväma eller tråkiga för dig.

Nästa gång någon pratar i vaga ordalag, istället för att bara nicka och gå snabbt, fråga dem: "Vad menade du med det?" För att utöka och skapa mer meningsfulla konversationer här är några ytterligare idéer:
* Vad håller du på med nuförtiden, din syster/bror/make/make? * Hur gick din dag - och vad var det mest spännande med den? * Varför gjorde du en sådan omtänksam kommentar? * Kan du utveckla och hjälpa mig att förstå det ytterligare?
* Tror du att dina tankar skulle förändras i denna fråga och så småningom ändra sina åsikter om det?

Innan du svarar på varje fråga, ge den andra personen tid och utrymme att svara, utan att avbryta under deras svar. Att lyssna är nyckeln när man lär känna någon bättre!

Einstein rådde berömt, "Fråga allt". Att ställa insiktsfulla frågor till dem vi interagerar med hjälper till att skapa effektiva interaktioner, bygga förtroenderelationer och bilda meningsfulla band.

Hur ofta har du tänkt: "Jag har fått nog. De ljuger alltid!"? Oavsett om det är efter ett misslyckat förhållande eller ett löfte om jobbbefordran har gått vilse, är lögn alltid en besvikelse och kan få oss att ifrågasätta vårt omdöme och lita på människor som vi en gång litade mindre och mindre på. Tänk om det finns en väg ut? Det här kapitlet kommer att utrusta dig med verktyg för att bli din egen mänskliga lögndetektor så att du snabbt kan känna igen alla misstänkta tecken och lära dig att bara lita på pålitliga individer.

Sanningen att säga, de flesta människor ljuger ibland. Ibland kan det bara vara små vita lögner som "Nej älskling, den där klänningen får dig inte att se fet ut!" men i andra fall kan lögner vara mer uppenbara som, "Min mamma var sjuk så det var därför jag kom för sent idag", eller direkt vilseledande som, "Jag har ingen affär, jag hade en till hela natten på jobbet".

Men de flesta människor är dåliga på att känna igen lögner, vilket leder till att de blir lurade. En studie som genomfördes för att undersöka detta område visade att endast 54 % av deltagarna kunde upptäcka falskheter korrekt.[16]

Beteendeskillnader mellan individer som ljuger och de som talar sanning kan vara svåra att bedöma, eftersom det inte finns några tydliga tecken som gör att man kan identifiera någon av grupperna; subtila indikatorer kan dock hjälpa till att skilja den ena från den andra. Som nämnts tidigare i ett annat kapitel är variationer från baslinjebeteendet en annan indikator på lögn.

Det är dock viktigt att inse att lögndetektering är mycket beroende av att lita på din magkänsla. Genom att veta vilka tecken du ska hålla utkik efter och lära dig att tolka dem med din kunskap och dina instinkter, blir lögnupptäckt mycket enklare för dig.

Psykologer och forskare i flera branscher har genomfört omfattande studier om bedrägeri och kroppsspråk för att hjälpa brottsbekämpande medlemmar att upptäcka bedragare och lögnare snabbare och mer exakt. Resultatet av denna forskning har belyst flera potentiella röda flaggor som kan indikera något bedrägeri:

* Att vara medvetet vaga genom att frivilligt lämna minimala detaljer; Att inte kunna ge detaljer om någon händelse eller incident

Upprepa meningar eller frågor när du svarar på specifika frågor; Pratar i meningsfragment.

* Uppvisa skötselbeteenden som att trycka fingrar mot läpparna eller manipulera hårstrån

Som är sant med allt annat, ger övning färdighet i lögndetektion också. Att läsa forskning och lärande berättar kan bara få dig så långt; För att verkligen bemästra lögndetektering krävs noggrann uppmärksamhet och är 100 % medveten.

Som sådan fokuserar vi nu på indikatorer eller tecken som du bör hålla utkik efter när du försöker upptäcka en bedragare.

Var först och främst medveten om vilka signaler du ska se upp med. Medan människor litar på giltiga ledtrådar för att upptäcka lögner, kan deras tillförlitlighet som lögnindikatorer vara begränsad. Några vanliga ledtrådar som människor observerar inkluderar:

* Uppvisa likgiltighet: När någon försöker förbli känslomässigt neutral genom att undertrycka uttryck och inte visa något, kan de visa brist på uttryck, inta en oberörd hållning eller rycka på axlarna som ett sätt att inte avslöja för mycket information.

* Vokal inkoherens: Om en talare verkar osäker på sig själv och börjar mumla eller stamma medan han talar, kan det bero på att deras hjärna inte kan tänka tillräckligt snabbt för att täcka sina lögner.

* Övertänkande: När någon verkar ha för avsikt att förvränga sanningen, kan övertänkande ofta bli resultatet. Med ordentlig kunskap om vilka tecken man ska hålla utkik efter och en förmåga att använda omdöme effektivt i en given situation, kan förståelsen bli mycket enklare.

För det andra, lita inte enbart på kroppsspråk. De flesta lögnupptäckande böcker och bloggar förespråkar att enbart fokusera på kroppsspråk - de subtila förändringarna i beteende och fysiska tecken som avslöjar vem som är oärlig - för att fånga bedragare. Men forskning visar nu att kroppsspråkssignaler kan hjälpa till att upptäcka lögner men är inte alltid pålitliga indikatorer på bedrägeri.

Howard Ehrlichman, en forskningspsykolog, fann att förändringar i ögonrörelser inte alltid tydde på att ljuga; de kan helt enkelt orsakas av att man hämtar information från långtidsminnet eller tänker för hårt.[17]

Från dessa och andra studier kan man dra slutsatsen att kroppsspråk, även om det ofta är korrekt, kanske inte alltid är den bästa indikatorn på att ljuga. Att känna till någon och deras beteendemönster ger en fördel när det gäller att särskilja lögn från grundläggande beteendemönster.

För det tredje, be dem att berätta sin historia – baklänges! Teorin bakom den här övningen är att icke-verbala och verbala signaler som skiljer sanning från lögner blir mer framträdande när kognitiv belastning ökar - detta beror på att lögn är en ansträngande process jämfört med att berätta sanningen - därav varför folk säger "om du säger sanningen, du behöver inte komma ihåg alla dess detaljer".

Avsiktliga lögner är mer kognitivt utmanande aktiviteter; de som engagerar sig i dem kräver en hel del mentala resurser för att försöka dölja allt som kan ge bort deras lögner, övervaka både deras eget beteende och lyssnarnas. Att etablera trovärdighet och övertyga andra om sin berättelse kräver ansträngning, men i kombination med kravet att berätta det baklänges kan du börja upptäcka eventuella sprickor i deras berättelse eller beteendeavvikelser. Forskning har underbyggt denna teori. Om en berättelse verkar tunn på detaljer, eller är helt påhittad, kom ihåg vilka detaljer som upprepades första gången! Genom att göra detta kommer du att kunna skilja mellan lögner och sanning.

Som tidigare diskuterats, lita på dina instinkter! Som tidigare nämnts kan det att följa din magkänsla vara ditt bästa vapen mot lögnupptäckt. Många studier har visat att interna undermedvetna indikatorer är mer effektiva än medvetna strategier för att upptäcka bedrägeri. Människor har intuitiva, omedvetna data som hjälper till att känna igen bedrägeri om vi uppmärksammar det.

Även om instinkter kan vara mycket tillförlitliga, saknar människor ofta skickligheten eller förmågan att korrekt använda dem och förblir sårbara för bedrägligt tänkande. Tyvärr kan dock medvetna tankar eller reaktioner störa automatiska associationer – istället för att lita på din maginstinkt börjar dina medvetna tankar analysera mönster eller stereotypa handlingar och så småningom pratar du bort dig själv från att helt lita på det. Att känna dig själv tillräckligt bra gör att du kan känna igen instinktiva reaktioner samtidigt som du inte överbetonar beteenden som leder ner på vägen mot självtvivel och får dig att ifrågasätta om det kan fungera ibland!

Slutligen, observera deras förtroendenivåförändring. Att uppmärksamma kommer att visa dig att en potentiell bedragares stil förändras när de konfronteras; de flesta lögnare känner sig trygga inom sin begränsade lögnzon, där de känner sig i kontroll; men om något utmanar något som de säger kan det få dem att tappa kontrollen och därmed sänka förtroendenivån avsevärt.

När de börjar känna sig pressade kanske du märker att de ändrar sin berättelse eller ger inkonsekventa svar om vissa händelser, blir mer oberäkneliga i sina svar och ändrar hur de beskriver dem. Genom att se efter beteendeförändringar som denna kan du upptäcka luckor i deras berättelse och identifiera deras sanna avsikter.

Tänk på att det kan vara svårt att avgöra om någon framför dig talar sanning eller hittar på historier; kanske är de skickliga på att dölja information, eller så kan ditt förtroende göra det svårt för dig att upptäcka något som är fel. Men de tecken och indikatorer som beskrivs ovan kan ge bort att någon döljer något för dig.

Nästa gång du behöver bedöma någons ärlighet, var noga uppmärksam på alla subtila ledtrådar kopplade till lögner. Om det behövs, öka trycket genom att göra det rationellt besvärligt för dem att berätta sin historia. Genom att hålla dessa metoder på plats och hålla dessa tips i hjärtat, kommer du snabbt att kunna minska de som är oärliga mot dig från ditt liv.

Hur kan du veta om någon ljuger genom att utelämna? Hur kan du avgöra om någon ljuger genom att utelämna? Om någon inte uttryckligen ljuger utan istället bara presenterar en del av sanningen, anses detta som att ljuga eller helt enkelt kommunicera? Att ljuga genom att utelämna är en smart taktik som används för att undvika att berätta allt som hänt; för registreringsändamål bör det anses ljuga eftersom det hindrar dess mottagare från att få en korrekt förståelse. Till exempel kan ett barn berätta för dig att de lägger glass i frysen för att sedan senare komma ut och äta upp allt själva; Detta bör för säkerhets skull klassas som lögn, eftersom det hindrar mottagaren av information från att se alla sidor. Ett barn kan till exempel säga att de lagt glass i frysen men sedan misslyckas med att nämna att de tog ut den senare från där den kom ut senare i stället för att berätta för dem om alla fakta som att ta ut den senare och äta den senare när frågade av dig som möjligt.

Men deras svar gav dig inte tillräckligt med detaljer om din fråga var "Vart tog glassen vägen?"; oavsett hur korrekt deras berättelse kan ha varit.

Problematiskt med att ljuga med utelämnande lögner är att de flesta som använder det inte anser att det ljuger, och därför inte är lika motvilligt eller visar typiska tecken på att någon berättar en lögn. För att fullt ut förstå varför någon ljuger måste vi känna till deras motivation; människor kan undanhålla viktig information på grund av skam, skuld eller rädsla, men eftersom de är ovilliga att berätta fullständiga lögner kan det vara lättare för utredare att komma fram till sanningen om någon lämnar ut viktiga detaljer i konversationer.

Sök efter tecken på att någon verkar obekväm när du diskuterar ett viktigt ämne. Låter de vaga, tar för många pauser, undviker ögonkontakt? Ställ specifika frågor för klarhet för att tvinga människor att fatta medvetna beslut om huruvida de ska dela specifika detaljer eller inte, inte längre kunna gömma sig bakom "jag ljuger inte", vilket gör att du lättare kan lära dig hela sanningen än när någon ljuger fritt utan tvekan. Även om någon ljuger, kommer deras tecken troligen att vara lättare att upptäcka jämfört med någon som upprepade gånger ljuger utan att tveka.

Har du någonsin träffat någon som omedelbart gjorde dig orolig, men som ändå inte kunde identifiera varför de verkade obekväm för dig? Verkade något fel i deras sätt att se på dig men kunde inte peka ut exakt vad? Har de gjort dig obekväm men du kunde inte sätta fingret på varför de såg ut så? Om detta låter bekant för dig kan Kapitel 22 ge lösningen: Få noggrannhet vid tunn skivning.

"Något kändes inte riktigt bra." Du skulle förgäves försöka förklara för din make varför du inte hade valt just den tandläkaren för tandingrepp eller varför du tackade nej till ett imponerande jobberbjudande.

Varje dag kommer vi i kontakt med olika människor; vissa känner vi knappt och andra som lämnar bestående intryck. Du kanske minns någon som du en kort stund träffade i en park som varm eller snäll medan en annan främling kan framstå som oförskämd eller konstig.

Är alla våra initiala bedömningar orättfärdiga och beror på våra egna fördomar? Kanske inte! Kanske är det första intrycket viktigt eftersom de avslöjar något om någon som våra medvetna sinnen helt enkelt inte kan förstå ännu. Denna förmåga att snabbt göra snabba men exakta antaganden om människor är känd som tunn skivning.

Första intryck eller bedömningar om någons personlighet sker inte enbart av en slump – de skapas faktiskt av att vårt undermedvetna bearbetar information mycket snabbare än vi inser! Varför kan vissa av oss göra bättre bedömningar än andra, undrar du?

Det som skiljer dem som gör korrekta bedömningar från dem som inte gör det är deras tillit till sin "intuition". De lyssnar på vad deras mage säger till dem och utvecklar dessa färdigheter genom medveten ansträngning.

Tunn skivning kan definieras vetenskapligt som förmågan att göra välgrundade bedömningar baserade på små bitar av information. Flera experiment har visat att våra slutsatser om någon är konsekventa oavsett hur länge vi samtalar med dem - från fem sekunder eller fem minuter![18] Vårt undermedvetna observerar subtilare egenskaper hos dem som blinkande ögonlock, stela ställningar, leenden eller gester som tenderar att glider förbi oss utan att våra medvetna sinnen märker det.

Kan inte det vara fantastiskt? Att korrekt göra antaganden om någon baserat på bara ett uttalande eller mikroegenskap kan vara så korrekt.

Så varför har vi inte varit skickliga på att läsa människor hittills? Mest på grund av att man inte kan formulera dessa bedömningar. Att inte ha tillräckligt med detaljer till hands innebär att denna ickeverbala avkodning sker utan att vi ens inser det, vilket ger det första intrycket så stor betydelse trots att de inte speglar verkligheten utan istället fungerar som signaler från vårt undermedvetna att de kan ha svar för oss.

Som människor är vi tvungna att bara lita på oss själva inom gränserna. Negativ partiskhet hindrar oss från att lita för starkt på oss själva. Du kanske tänker för dig själv: 'Allt det här låter bra; Men om jag hade litat mer på min magkänsla skulle jag inte ha köpt den här boken!"

Jag förstår ditt dilemma; Att lita på min magkänsla för ofta ledde mig på en väg med spelförluster! Och även om jag inte förespråkar att låta ditt undermedvetna styra dina bedömningar, är våra hjärnor mycket smartare än vad vi ger dem kredit för! Visste du att våra hjärnor kan bearbeta 11 miljoner bitar av information varje sekund? Ändå verkar våra medvetna sinnen bara kunna bearbeta 40-50 bitar. [19] Det är ett enormt gap mellan vad vår hjärna faktiskt kan hantera och vad vi uppfattar att den kan hantera; medan vi kanske bara bearbetar ynka 50 bitar, har vår undermedvetna hjärna redan observerat, härlett och bildat åsikter som är mycket mer exakta än något vår medvetna medvetenhet någonsin kunde ge oss.

Jämförelsevis sett har vårt undermedvetna gjort ett enastående jobb med att bearbeta information; tyvärr känner vi bara inte igen dess ansträngningar tillräckligt. Tänk om vi litade mer på vårt undermedvetna när det gällde bedömningar; ingen annan färdighet kanske behövs för att komma åt människors hjärnor!

Att upptäcka konsten att tunna skivor kräver att vi känner igen våra undermedvetna tankar och tolkar vår intuition rätt. Begrav inte de där små domarna som kan glida förbi obemärkt. När du märker någon, fråga dig själv varför och tänk hårdare: var det deras skiftande vikt från ben till ben eller bet de sig i läppen precis innan de sa ut?

Så kraftfullt som vårt undermedvetna är, kan det också kollidera med medvetna fördomar och leda till några olyckliga beslut. Därför förlitar sig inte alla enbart på sin magkänsla när de fattar beslut - den potentiella kraften ligger inom oss alla, den behöver bara låsas upp och knacka ordentligt.

Tunn skivning innebär att lära sig mer om någon med minimal information. Deras manér, kroppsspråk, handstil och kläder avslöjar mycket om dem om de bara observeras noggrant och medveten om ens undermedvetna. Enligt Malcolm Gladwells bästsäljande bok Blink, innebär tunn skivning att knacka på ens "adaptiva undermedvetna". Medan medvetna sinnen använder evidensbaserade bedömningar när de drar sina slutsatser om människor eller händelser baserat på enbart medveten observation, använder adaptivt omedvetet bedömningar med mycket små bitar av bevis i bästa fall som sina källor.

När vi övar och fulländar detta hantverk att skära information, beror vår framgång på att vi kan öva och lära oss med varje erfarenhet vi får. Genom att utnyttja ditt undermedvetna och filtrera information istället för bedömningar kan du bättre förstå andra och förutsäga deras beteende.

John Gottman, en uppskattad amerikansk psykolog, genomförde en djupgående forskningsstudie som involverade över 3 000 par för att utveckla vad som har kommit att kallas "kärlekslaboratoriet". Genom denna metod för informationsinsamling och disaggregering drog Gottman slutsatsen att man kunde förutsäga äktenskapets framtid genom att tunna skivor av relevant data - inte bara samla ihop allt utan också förstå dess relevans. Denna teori fokuserade på att inte bara samla in fakta utan att bestämma vilken information som var mest relevant.

Och det är precis vad du också borde göra. Ditt undermedvetna kommer att ta emot miljontals bitar av data, men ditt medvetna sinne måste nu bestämma vilken information som är viktig eller irrelevant; häri ligger värdet av kunskap som tillhandahålls i andra delar av boken; använd dess verktyg för att urskilja vilka handlingar, ord och indikatorer som behöver ditt fokus och vilka som inte är relevanta när det gäller att förstå människor bättre.

Gottmans teori föreslår att man fokuserar på flyktiga ansiktsuttryck och dialoger som verkar triviala, utan att dra för mycket uppmärksamhet på sig själva. Även om det inte ger resultat omedelbart, krävs övning i att känna igen mönster - du måste identifiera människor som ljuger, skyddar sina känslor väl eller döljer sig bakom extroverta beteenden - så när tiden fortskrider kommer dina medvetna och undermedvetna sinnen att anpassa sig sömlöst och möjliggöra beräknade bedömningar av vad som finns i någons sinne. [23]

Ibland finner vi alla att vi försöker dechiffrera vad någon menar när de använder fraser som "Jag bryr mig inte" eller "Varför tror du att det spelar någon roll" eller "jag mår bra"; dessa kan kännas som tickande bomber som kräver att du snabbt tar reda på deras verkliga avsikt innan någon bestående skada görs på relationer! Du kommer på att du önskar att du för flera år sedan hade anmält dig till den där telepativerkstaden!

En tolkning kan ofta vara svår, särskilt när de inte använder ord för att kommunicera sina idéer direkt. Ord är bara en del av bilden - för att rädda skeppet måste man ta sig till havets botten för att lokalisera var monster lurar - det är vad läsning mellan raderna handlar om!

Att läsa mellan raderna är en konst som kan rädda även de närmaste relationerna. Det kräver förståelse som lämnar lite utrymme för förklaringar och låter dig skapa den idealiska miljön för meningsfulla och produktiva dialoger. Meningen ligger ofta bortom enbart ord - vilket är anledningen till att punkt, kommatecken och utropstecken spelar en så viktig roll för att kommunicera deras betydelse.

Tecken på att människor ger ifrån sig för att avslöja sina sanna känslor kan ofta misstolkas som oskyldiga gester; men dessa tecken bör alltid tas på allvar som indikatorer på att det folk säger har en underliggande betydelse; till exempel kan ord som "Jag vill alltid vara med dig" verka som en kärleksförklaring, men när de kombineras med andra röda flaggor i ett osäkert förhållande kan det indikera övergrepp eller manipulation.

Som man kan förvänta sig i en miljö som bebos av över 8 miljarder individer med sina individuella tankar och personligheter, kanske en mening inte betyder detsamma när den talas av olika människor i olika sammanhang. Du måste lyssna hårdare för att förstå vad en annan person försöker förmedla. Enligt Gary Wong, en uppskattad fastighetsinvesterare och coach, har vi två öron men bara en mun, så lyssnande bör ha företräde framför tal[23]. Var öppen för vad folk säger till dig samtidigt som du förstår djupt vad deras avsikter är när de talar deras språk.

En effektiv strategi för att hjälpa dig att läsa mellan raderna är att vänta ett ögonblick innan du säger ifrån. Att skynda sig att svara kan innebära att man missar att ta sig tid att förstå vad som faktiskt sas; och om din motpart gör detsamma kan deras budskap lätt försvinna bland missförstånd och dålig kommunikation.

När någon använder fraser som "Jag vet inte" eller "Jag är osäker", skynda inte in med förklaringar så fort de säger att de inte förstår något - ge dem istället utrymme och bedöm andra indikatorer för att vinna en mer fullständig bild av deras budskap.

Att läsa mellan raderna kräver att man lyssnar noga och tar hänsyn till sammanhang, personlighet och situation när man läser en berättelse. En författare kommunicerar ofta inte direkt vad deras karaktärer försöker uttrycka utan ger istället situationer och ledtrådar om vad som kan hända för dem - läsaren kan lätt känna igen denna indikator som karaktären ger.

Här är ett utdrag ur en berättelse:

Hennes handflator svettades när hon tittade på klockan för femte gången inom en timme, i vetskap om att han skulle komma runt 8. När varje sekund tickade närmare och närmare mot åtta kunde hon känna hur hennes knän försvagas och hennes knytnävar dras ihop i väntan på hans ankomst .

"Älskling", frågade hennes man från andra sidan rummet. Hon svarade enkelt. "Jag mår bra, bara kyligt", var allt som sades utan att få ögonkontakt med honom. När det ringde på dörren hukade hon sig djupare i soffan med knän som kramade om bröstet i väntan på ett besvärligt möte mellan hennes man och hans pojkvän.

Angav författaren att deras karaktär var oroande, men drog du slutsatsen detta från hennes kroppsspråk och passagen? Kunde du se när hon sa: "Det blir en lång, kall natt" att det inte bara handlade om väder? Chansen är stor att det hände naturligt eftersom en författare drar din uppmärksamhet direkt till hur en karaktär reagerar i varje textstycke.

När du interagerar med riktiga människor är det dock ofta svårt att fastställa exakt vad som händer även om något verkar fel. Lita på dina instinkter; även om källan är oklar vid första anblicken. Gör en mental anteckning för att återkomma till det som sades - till exempel om ett av dina syskon eller nära vänner nonchalant nämner att vara hemma vid sex som "Sam blir orolig om jag är sen".

Oavsett hur avslappnat samtalet kan tyckas, känns något med det avstängt. Kanske var det hennes sätt att ständigt kolla tiden eller hennes förhastade ton; eller det kan helt enkelt vara ord valda utan hänsyn till sammanhang eller ton.

"Have to be back home" låter mer som ett ultimatum än ett uttryck för oro, vilket skulle kunna tyda på att hon är i en ohälsosam relation med sin partner; kanske ingen av dem är medvetna om det känslomässiga övergrepp de upplever under namnet kärlek och omsorg. Att kunna upptäcka vad den andra personen försökte kommunicera gör att vi kan se bortom det som direkt kommunicerades.

Fokusera på det som var osagt - tystnaderna och pauserna - för att få mer förståelse. Tystnad kan tala mycket; till exempel om ditt barn plötsligt blev tyst när det frågades om sin dag i skolan; På samma sätt kan ord de bestämt sig för att inte säga tyda på problem som är värda att uppmärksamma under andra aspekter av kommunikation. Du kan tillämpa samma strategi när du interagerar med vem du vill för att få en djupare insikt.

Vilka frågor eller ämnen de undviker att diskutera; när de pausar för länge mellan tal; ändrar deras tonläge när de diskuterar vissa personer eller händelser; dessa observationer hjälper dig att förstå både dem bättre som individer och att förstå talade ord med större djup.

Precis som när man pratar med barn om skolan, när man kommunicerar med människor som inte så lätt delar information eller de som föredrar att använda obskyra ordförråd. Dina frågor och svar måste struktureras noggrant för maximal effekt och effektivitet.

Se till att du gör allt detta i sammanhanget; alltid vara medveten om situationen, miljön och omständigheterna när du observerar någon. Var försiktig om någon låter avlägsen på grund av distraktion från omgivningen. Eller de kanske blir tysta under samtal om vissa händelser - inte för att de vill dölja något utan istället på grund av ointresse eller distraktion från det som diskuterades.

Precis som att förstå någon annan kräver tid, konsekvens och förståelse, så gör att förstå vad någon säger mellan raderna. Att dissekera varje ord och tystna ögonblick för ögonblick skulle bara tjäna till att förvirra saker ytterligare; du behöver bara vara närvarande och medveten när du lyssnar och mentalt granska allt du hör innan du kommer med dina slutsatser om dess möjliga tolkningar.

TedTalk-publiken ser inte bara briljanta idéer som presenteras på TedTalk. Motivatorer och influencers som lyckas är inte nödvändigtvis de med stora tankar; de är de som förstår hur man presenterar dem på ett effektivt sätt - genom ton- och tonhöjdsövningar, kategorisk struktur av tal eller till och med att använda mediabevakning för maximal effekt. Att tala inför publik innebär att bemästra hur du säger saker istället för att enbart överväga vad som behöver sägas. Offentliga talare lär sig konsten att övertala för att vinna sin publik.

Offentliga talare använder ofta talmönster för att strukturera sitt innehåll för maximal effekt. Valet av dessa mönster beror på ämnen, publik och huvudsyftet med deras tal - med andra ord, konversationer bör tjäna sitt sanna syfte om det är deras mål! När du pratar med någon ny, se till att ditt mål är tydligt så att du kan vara fokuserad när du övervakar svar från dem - människor som läser bör inte involvera att samla in irrelevanta detaljer om andra.

Öka farten

En studie utförd av University of Michigan Institute of Social Research undersökte 1 400 försök av uppringare som försökte övertala människor att delta i en undersökning, med ett telefonsamtal per uppringare och övertalningsförsök. [24] Resultaten visade att de som talade för snabbt utan att pausa inte lyckades övertyga andra; forskare undersökte uppringares flyt, talhastigheter och tonhöjd när de försökte övertyga andra; framgångsrika övertalare inkluderade personer som talade med cirka 3,5 ord per sekund - en måttligt snabb hastighet när de övertalade andra; [26]

Ta de rätta pauserna

För maximalt inflytande när man försöker påverka någon är fyra eller fem pauser per minut idealiskt när man försöker påverka någon. Dessa pauser tillåter den andra personen att överväga ditt meddelande innan han svarar och visa din respekt för sina tankar och övertygelser samtidigt som den inte är rädd för att låta sina åsikter om dina fynd utvecklas över tid - vilket ökar förtroendet mellan dig och dem.

Prosodi (stress, intonation av tal och rytm) är en integrerad del av effektiv talförmedling, men för mycket prosodi kan slå tillbaka och slå tillbaka. Det vi säger kan uppfattas olika beroende på hur det levereras - så att använda ton och rytm på lämpligt sätt säkerställer att det du säger blir precis som avsett; för mycket kan lämna en opålitlig publik i händerna; försök att inte låta animerad när du skapar meningar.

Använd talmönster för framgång

Det finns olika talmönster man kan använda beroende på deras mål när de talar offentligt, med olika val som påverkar hur framgångsrikt deras budskap kommer att levereras. Nedan finns några populära talmönster för offentliga talare när du skapar tal.

Aktuellt eller logiskt tillvägagångssätt: När du förmedlar flera idéer som är relaterade, organiserar information logiskt så att den flyter från ämne till ämne utan att det verkar som att du hoppar mellan ämnen utan att ge övertygande argument är ofta det bästa tillvägagångssättet.

Kronologisk: Kronologisk informationsorganisation fungerar bäst när data behöver följa en ordnad utveckling, som att berätta en historia. Om du till exempel vill prata om resultatet av ett projekt, kommer det att ge större nytta att strukturera händelser i kronologisk ordning för större tydlighet.

Orsak och verkan: Som namnet antyder, skulle denna information presenteras med hjälp av orsak-verkan relationer. När man till exempel diskuterar frågor på jobbet kan man börja med att förklara orsaken och sedan beskriva hur det påverkar produktiviteten.

Problem och lösning: I likhet med orsak och verkan används problem och lösning som ett effektivt sätt att övertyga andra att vidta åtgärder som är nödvändiga för att lösa specifika problem. Det är en effektiv metod för att övertyga lyssnarna om hur man bäst löser en given utmaning eller hinder.

Talmönster kan hjälpa till att kommunicera idéer och tankar tydligt. Människor tycker om att höra välbekanta mönster som de känner igen och tenderar att acceptera lättare; Desorienterad information leder ofta till misstro mellan inblandade parter, så att investera tid i hur du förmedlar ditt budskap kommer att öka både trovärdighet och inflytande över människor.

Att använda ett effektivt talmönster är nyckeln till att tillhandahålla information på ett lättsmält sätt och öka ditt inflytande över någon. Ditt mål kommer att se dig som en auktoritativ och logisk individ som de kan lita mer på och öppna sig mer fritt om sina idéer och känslor med.

Vi skapar ofta starka kontakter med någon enbart baserat på hur de får oss att känna. "Jag vet inte varför jag berättade allt detta för dig; vanligtvis är jag mindre öppen.

Vad exakt är "vibe", och hur kan det hjälpa mig att ansluta till någon? Enkelt uttryckt är vibe helt enkelt bra energi som kan ha en positiv inverkan. Inget behov av att ge affirmationer eller nicka okontrollerat; allt som krävs för att ansluta är god stämning vart du än går!

Fråga bara någon motiverande talare eller personlig utvecklingsguru och de skulle rekommendera att omge dig med positiva bekräftelser om dina mål. Även om det kanske låter överflödigt till en början, sipprar den positiva energin snart igenom och påverkar oss alla på ett eller annat sätt!

Det är precis den effekt som positiv energi eller stämning har på andra människor. Att veta att någon accepterar deras idéer utan kritik gör att de kan öppna sig för dig utan att ifrågasätta, vilket ger dig tillgång till deras sinne utan att frågor ställs! Allt detta görs möjligt när människor runt omkring dem tar med sig positiv energi - bra energi kan inte fejkas, den kan bara upptäckas. Positiva attityder sprids snabbt - alla älskar att prata med människor som alltid ser den ljusa sidan! Och med dessa tips och strategier för att bygga upp den här positiva atmosfären runt dig:

Fortsätt se på den ljusa sidan

Som de säger, dina svar på vad som händer dig avgör deras resultat. Istället för att beklaga att någon är tråkig mot dig, använd den här möjligheten att utforska sätt på vilka de kan tänka annorlunda än du och skapa meningsfulla interaktioner. Att fokusera negativt skulle bara få fram mer negativitet från dig som andra skulle känna igen omedelbart.

Om du inte känner det, fejka det inte

Att säga att du älskar hundar kan bli ihåligt; vara tillräckligt öppensinnade för att acceptera olika synpunkter utan att tvinga andra överenskommelse; när folk inser att du accepterar deras rätt till en motsatt synpunkt snarare än att låtsas att du gillar eller håller med, kommer ditt svar att framstå som mycket mer positivt och välkomnande av dessa skillnader.

Öva tacksamhet

Undrar du hur tacksamhet kan förbättra relationer? Genom att börja och avsluta varje dag att vara tacksam för allt som livet erbjuder oss, och hedra dem som du möter dagligen, såsom teamledare eller syskon, genom att komma ihåg att uttrycka uppskattning för dem varje gång du interagerar. Din dagliga praxis att vara tacksam kan till och med föra positiv energi med sig när du deltar i interaktioner med dem!

Upptäck negativitet

Tyvärr kan vi alla ibland uppleva en ansamling av negativa tankar utan att inse det. Detta är särskilt fallet när vi associerar vissa människor med negativa minnen; till exempel om någon gjorde en stötande kommentar senast du interagerade med dem kan det väcka obehagliga minnen som dröjer sig kvar långt efter att interaktionen har upphört. Försök att ersätta negativa minnen med mer positiva för att skapa en positiv miljö.

Meditation ger oss alla en ovärderlig chans att koppla av, varva ner och känna oss jordade. Meditation ger dig ett underbart sätt att frigöra eventuell negativ energi omkring dig och utvärdera vilken typ av inverkan dina handlingar har på dem i din inflytandesfär. Dessutom kan utövande av meditativa metoder som mindfulness eller andlighet fördjupa kopplingar till ens inre och främja djupare frid.

Naturen har helande krafter

Att vara utomhus har enorma läkande egenskaper! Omgiven av havsvågor kan bergstoppar eller ljud från flodstranden göra underverk för att hjälpa oss att slappna av och läka inifrån. Att spendera tid utomhus har visat sig effektivt för att göra människor mindre bittra och mer positiva - att ta en välbehövlig paus samtidigt som vi reflekterar och tar det lugnt med oss själva och varandra är avgörande för att se till att vi förblir lyckliga människor!

Positiv energi i din kommunikation kan ha en krusningseffekt på andra och uppmuntra dem att öppna sig mer fritt och vara ärliga i sin kommunikation med dig. Rädsla för bedömningar, besvikelser eller ilska kan få människor att stänga av eller ljuga för att undvika att verka ovänliga; att ge en bekväm atmosfär och bra energi hjälper människor att slappna av så att de kan omvärdera hur de uppfattar dig och hur mycket av sig själva de avslöjar genom samtal.

Hur kan man läsa någons tankar när man kommunicerar via noggrant konstruerade e-postmeddelanden eller telefonkonversationer? Eller upptäcka när någon ljuger medan han pratar i telefon? Likaså, hur kan du tolka kommunikation mellan raderna som WhatsApp som är starkt beroende av utvalda "emojis"?

Digital kommunikation ger oss många fördelar; vi kan nå människor över hela världen utan att lämna våra soffor, samtidigt som dess begränsningar kan begränsa hur effektivt vi ansluter. Men med framsteg i utvecklingen efter Covid har vi lärt oss hur vi kan ansluta mer effektivt. Elever visade sig vara mer uppmärksamma i onlineklasser än i klassrum eftersom de inte kunde följa sin lärares blick - utan att veta vem han/hon tittade på på sin datorskärm! Tekniken har dock fortfarande en bit kvar innan den kan matcha mänsklig värme och intimitet av en-mot-en mänsklig kontakt.

Att avslöja någon kan vara utmanande när du inte har deras fulla uppmärksamhet; sova, äta eller i en folksamling. I de flesta fall kommer du inte ens att vara medveten om om deras högtalare är på under videosamtal eller läser hela texter innan du svarar - vilket gör det svårt att förstå människor över dessa digitala plattformar; men det finns tekniker du kan använda för att korrekt tolka vad någon försöker kommunicera.

Lyssna, jag kanske har nämnt det ett antal gånger redan, men att avfyra kritik och konflikter i cyberrymden kan vara lättare än att kommunicera direkt med någon. Även om dina meningsskiljaktigheter kanske inte verkar lika allvarliga när de görs via sms, begränsar de fortfarande vår förmåga att lyssna, läsa eller förstå varandra.

Håll utkik efter indikatorer

Oavsett var en person befinner sig kan deras tonfall, ordval och miljö alla bli indikatorer för hur deras sinne fungerar. Till exempel, hur lång tid tar det för någon att svara på e-postmeddelanden? Eller svara snabbt via sms? Eller har deras röst någon känsla av brådska? Att bara ägna lite uppmärksamhet kan ge oss ovärderlig information om dem!

Upprätthåll ett kalibrerat tillvägagångssätt

Människor kan vara svåra att läsa ansikte mot ansikte och ännu mer på skärmen, vilket gör det ännu svårare att läsa deras tonfall, val av ord eller pauser. Vi kan misstolka deras text när begränsade indikatorer är tillgängliga för oss. Kommunikation ansikte mot ansikte gör att vi kan skapa en korrekt skildring av en individ baserat på många aspekter, såsom deras ansiktsuttryck, kroppsspråk och övergripande "vibe". När du kommunicerar via telefon eller via sms med andra, se till att du inte drar till definitiva slutsatser med begränsad data. Var uppmärksam på vad som sägs och ställ frågor när det är nödvändigt för tydlighetens skull. Om antaganden uppstår under samtalet, ifrågasätt om det finns tillräckligt med data tillgänglig för att göra korrekta observationer.

Hur kan jag upptäcka en lögnare via telefon eller SMS

Liggendetektion kräver skarp observationsförmåga; men med många av de vanliga signalerna frånvarande i en SMS-text eller e-postkonversation, ger lögndetektorer tillräckligt med data som möjliggör exakt detektering över dessa digitala plattformar. Här är några indikatorer på att någon ljuger för dig skriftligt:

Någon som ljuger kan verka oorganiserad och svår att sätta fingret på med en enda berättelse, ständigt byta ämne i ett försök att dölja eller dölja sanningen. De kanske försöker överkomplicera saker eller hitta på falska påståenden som inte stämmer; ett sätt att upptäcka dessa meddelanden via textmeddelanden kan vara att leta efter långa textstycken som inte ger klarhet om ett ämne i sammanhanget; om det var sanningen skulle du inte behöva läsa igenom igen för att ta reda på vad som verkligen hade hänt.

De överbetonar onödig information eller undviker att svara på specifika frågor

Om någon ställer en fråga till dig som kräver ett svar direkt, kan du alltid undvika att svara genom att vägra. Säg till exempel att du frågade din partner var de var men fick inget svar; fyra timmar senare skickar de ett meddelande till dig för att förklara att deras batteri hade dött men ändå berätta var de är i det ögonblicket - detta utgör att ljuga genom underlåtenhet eftersom de talar sanning vid den tiden men väljer att inte svara när förfrågan först gjordes; dessutom kan de försöka ge alltför komplicerade svar för att försöka undvika att svara direkt och spåra ur konversationen helt och hållet.

Ingen svarar

Förbi är de dagar då att skicka ett meddelande var som att kasta stenar i ett hav utan att veta när eller om det skulle nå sin mottagare; nu vet vi exakt när vårt meddelande kom, när det visades och om det är "online" eller inte. De flesta meddelandeapplikationer visar en ellips (...) när någon skriver ut sitt svar så att vi vet att vi kan förvänta oss en vilken sekund som helst!

För mycket information Människor tenderar att ge förklaringar. Åt din arbetskamrats macka på jobbet? Chansen är stor att du skulle ge en förklaring, möjligen så lång som femton minuter lång, till varför detta hände. På samma sätt när vi berättar lögner tenderar vi att använda överdrift i våra svar för att dölja vad vi vill att folk ska tro händer; vissa individer skapar regelbundet långa texter, men om svaren blir ovanligt långa kan detta vara bevis på att de ger förklaringar om en information de beslutat att inte avslöja.

Föreställ dig att vara indragen i ett textargument där båda parter förklarar på sina respektive sidor, bygger långa svar tills du ställer en fråga och konversationen plötsligt flyttas bort från ett svar till ett annat ämne. I ett sådant fall kan deras försök att vara upptagen indikera deras avsikt att korta den här samtalstråden och gå över till något helt annat.

"Gick du till hennes hus efter att jag bad dig att inte göra det?"

Hon såg förbluffad ut. Det är fantastiskt hur lite tillit det finns mellan oss! Tyvärr har jag inte tid med detta nu då det ska tvättas; pratar med dig senare, hejdå."

Här har du allt - alla verktyg som behövs för att förstå människor. Med din guidebok om människor i handen kommer den att göra det möjligt för dig att få en djupgående kunskap om varför människor pratar som de gör, beter sig på vissa sätt och säger vad de säger – från personlighets- och kommunikationsstilsegenskaper genom influencers som formar dem; all denna kunskap är till hands men att förstå någon kan fortfarande kräva tid, ansträngning och lite gissningar!

Sinnet är en intrikat struktur, och för att dechiffrera den måste man fortsätta förstå dess komplexitet. Även efter att ha känt någon i flera år kan mindre konflikter eller meningsskiljaktigheter göra det svårare att lyssna objektivt på vad de säger.

Så jag betonar ofta vikten av övning och observation när det gäller att förstå människor. Du måste utöva kontroll över dina egna tankar samtidigt som du visar stor anpassningsförmåga när du läser andra människors övertygelser och kommunikationsstilar för att kunna tolka deras ord korrekt. Här är en översikt och påminnelse om allt du bör ta med dig varje gång du tänker förstå någon och reda ut komplexiteten i deras outtalade språk.

Var mentalt redo att läsa människor
Varje gång du deltar i konversation med en annan, gör en inventering av dig själv. Ställ dig själv några nyckelfrågor som, * Har jag redan bildat mig några åsikter om dem? eller >> Finns det några fördomar och fördomar jag måste vara försiktig med?

* Är jag mentalt och känslomässigt kapabel att försöka förstå någon? * Vilka aspekter måste man tänka på när man försöker läsa någon?

*Vilka yttre faktorer skulle kunna påverka mitt omdöme? Att fråga på det här sättet kommer att göra det möjligt för dig att närma dig andra utan fördomar eller dömande. För att observera människor på nära håll, var uppmärksam befria ditt sinne från andra uppgifter och tankar för att fokusera på att observera de av intresse utan att ta dem för givna - titta noga på deras kroppsspråk, ansiktsuttryck och ord medan du lyssnar uppmärksamt och utan fördomar.

Spendera tid på att studera människor Att behärska vilken konst som helst tar tid och engagemang. Att läsa människor kräver kontinuerliga studier för att göra korrekta bedömningar om människor med olika bakgrunder. För att göra detta på rätt sätt måste man observera många individer från olika personligheter i samhället för att kunna bilda korrekta bedömningar om dem. Människor-läsning bör närma sig holistiskt. Även om det skulle vara trevligt att förstå vad din chef tycker eller vilket budskap din partner försöker sända genom rummet, för att göra det ordentligt krävs förståelse för mönster, beteenden och motivationer hos alla du kommer i kontakt med. För denna uppgift är det nödvändigt att kunna känna igen dessa mönster genom att observera flera individer. Ta hänsyn till denna färdighet när du har att göra med offentliga pendlare eller när du pratar med säljare i varuhus eller till och med med frisörer.

Övning ger färdighet, eftersom ju oftare du identifierar och upptäcker personer av olika personlighetstyper och konversationsstilar för att förmedla deras budskap effektivt. Dessutom kommer övningen att tillåta dig att släppa fördomar och fördomar och observera människor utan att göra snabba bedömningar om deras karaktär eller livssituation. Människors läsförmåga är en oumbärlig tillgång för personlig och professionell tillväxt, vilket hjälper dig att bättre förstå människor och deras motivation. Att inse att någons ljudstyrka kanske inte orsakas av aggressivt tal utan av att leva med en äldre morförälder med hörselnedsättning kan ge dig nya perspektiv. Genom att lyssna noga när människor pratar och ställa relevanta frågor om dem och visa intresse för deras berättelser kommer det att hjälpa dig att bygga meningsfulla relationer både professionellt och personligt. Att spendera tid på att lära känna människor ger utdelning både på jobbet och utanför det!

Tålamod och uppmärksamhet är alltid nödvändigt
Att lära sig sticka kan vara skrämmande. Övning ger färdighet, liksom otaliga försök att sticka filtar tills varje knut är fulländad - men när den faktiska uppgiften att väva varje knut kommer i fokus blir du skarpt medveten om allt tålamod, uppmärksamhet och hängivenhet som krävs för att göra en provbit av tyg efter varandra. På samma sätt kan det tyckas vara lätt att vara uppmärksam i teorin, men ibland svårt när man ställs inför att kommunicera med dem man inte håller med om eller när man observerar kroppsspråket hos någon som man tycker är ointressant - båda uppgifterna kräver övning om de vill ha resultat i rätt resultat!

Tålamod och uppmärksamhet kan hjälpa dig att övervinna denna utmaning och få erfarenhet av att känna och förstå människor från olika synvinklar. Först när du tålmodigt lyssnar uppmärksamt på någon som du inte håller med om kommer du att lära dig att observera och läsa människor bortom personliga begränsningar.

Var autentisk och sårbar Ta mentala anteckningar när du ser någon bli avlägsen mitt i konversationen. Människor kan snabbt upptäcka fientlighet och domar; de vet när någon försöker gå på äggskal runt dem. Förvänta dig inte att någon ska öppna sig för dig genom att sitta bakom en trenchcoat med ett förstoringsglas medan du försöker vara formell eller kall mot dem; för att någon ska öppna sig för dig måste de känna sig tillräckligt säkra på att öppna sig fritt och säkert för dig.

Var öppen när du gör dina bedömningar
Den här har täckts tillräckligt ofta, eftersom att göra snabba bedömningar och bedömningar om människor baserat på partiskhet och fördomar är den främsta

bidragsgivaren till att de stängs av eller att du gör olämpliga bedömningar utifrån dem. Träna på att fördröja bedömningar eller slutsatser när du observerar någon. Var försiktig om dina första tankar inkluderar att tro att någon som dansar på gatan försöker dra uppmärksamhet - stanna dig själv där omedelbart! Till exempel, om de verkar glada nog när de dansar och du tror att "de gillar att få uppmärksamhet", stoppa dig omedelbart innan du drar slutsatsen vad som kan hända - eller tror att de bara gillar att bli uppmärksammade och göra antaganden baserade på antaganden.

Vid denna tidpunkt bör det vara uppenbart att lära sig att läsa människor är en resa för självupptäckt och utvärdering; du inser detta när du inser att det också handlar om att avslöja mer om DIG lika mycket som den andra personen. Att göra detta hjälper oss att känna igen begränsningar inom oss själva så att vi kan skapa djupare och mer meningsfulla kontakter med varandra, vilket i slutändan ger oss insikt i deras motivationer, ambitioner och framför allt tankar.

Förstå varför är början på varje resa. Oavsett om det är handelshögskola, läkarskola eller juristskola - allt börjar med att först svara på denna fråga - varför händer saker som de gör. När denna fråga väl har besvarats faller allt annat på plats organiskt. Människor-läsning handlar om att svara på den här frågan för kommunikation, och när den väl har besvarats kan den öppna upp alla möjliga möjligheter och ta bort hinder för fördomar och felkommunikation. Att förstå någon leder till starkare relationer. Skicklig kommunikation kommer att tjäna dig under hela livets interaktioner. Från att övertyga en gruppmedlem eller övertyga föräldrar om dina ambitioner, till att förstå andras motiv och tankespår – att känna till ditt måls motiv ger dig hävstång att bli hörd och respekterad. Vilken fördel du har hittat! Varje sida i den här boken har varit som att öppna en låda full av mysterier relaterade till mänskligt beteende - bara den här boken ger bara glimtar! Människor brukar inte falla prydligt in i vare sig svarta eller vita kategorier - de finns i alla möjliga nyanser! Chansen är stor att för varje dag som går kommer du att upptäcka mer och mer om de som bor med dig. Deras reaktioner kan skilja sig åt beroende på livserfarenheter, känslor och miljöpåverkan – för att förstå dem hela tiden är det bäst att vara medveten om dessa förändringar och anpassa sig därefter.

Så nu är det lättare än någonsin att känna igen dessa förändringar, från dåligt humör och negativa människor, till lögn och svårigheter att kommunicera känslor. Använd det klokt och ansvarsfullt - världen behöver dig! Använd dessa teorier på jobbet och med dem du värdesätter eftersom träd fortfarande behöver solens värme och näring i bra jord för att överleva. Förståelse är nödvändigt för att bli förstådd, och vi måste vara anpassade till hur människor tänker så att vi både kan skydda deras intressen samtidigt som vi förstår våra egna. Må du alltid använda läsning klokt som ett sätt att fördjupa och vårda meningsfulla relationer.

SLUTET